AF550533

Jörg Müller

Schuld
Trauer
Depression

Jörg Müller

Schuld
Trauer
Depression

Wege zur Heilung

media
maria

Bibliografische Information: Deutsche Nationalbibliothek.
Die Deutsche Nationalbibliothek verzeichnet diese Publikation in der Deutschen Nationalbibliografie; detaillierte bibliografische Daten sind im Internet über http://dnb.ddb.de abrufbar.

SCHULD TRAUER DEPRESSION
Wege zur Heilung
Jörg Müller
Media Maria Verlag, 1. Auflage 2016

ISBN 978-3-9454011-9-4

www.media-maria.de

Inhalt

TRAUER

DEPRESSION

Die Situation in Deutschland

Will man etwas über die gesundheitliche Verfassung der deutschen Bevölkerung erfahren, muss man sich die Studien der GEDA (Gesundheit in Deutschland aktuell) anschauen. Sie werden durchgeführt vom Robert-Koch-Institut in Berlin, das jährlich über zwanzigtausend Personen telefonisch befragt.

Demnach schätzte im Jahr 2015 jeder fünfte Deutsche seine Gesundheit als »sehr gut« ein, nur etwa jeder hundertste als »sehr schlecht«. Ewa fünfzehn Prozent der Frauen und acht Prozent der Männer durchleben innerhalb eines Jahres eine depressive Phase. Jede dritte Frau und jeder zweite Mann leidet unter chronischen Rückenschmerzen. Es konnte bei der Umfrage natürlich nicht geklärt werden, inwieweit ein Zusammenhang zwischen Rückenschmerzen und Depression besteht; aus meiner Erfahrung möchte ich behaupten, dass sie häufig aneinander gekoppelt sind. Wenn Menschen ständig mit dem Rücken zur Wand stehen, wenn man ihnen keinen Rückhalt gibt, dann kann dies zu Verspannungen führen; nicht immer sind es die zu niedrigen Tische und Stühle oder eine Tätigkeit mit vorwiegend gebeugter Körperhaltung.

Das Rückgrat ist mehr als nur eine knöcherne Stütze. Es symbolisiert auch Standfestigkeit, Aufrichtigkeit und Stabilität. Eine depressive Grundstimmung und Schuld können eine niederdrückende Last darstellen.

Depressionen sind häufige Erkrankungen. Derzeit sind circa fünf Prozent der Bevölkerung im Alter zwischen achtzehn und fünfundsechzig Jahren in Deutschland an einer behandlungsbedürftigen Depression erkrankt.

Das sind circa 3,1 Millionen Menschen, wobei zu beachten ist, dass in den Gruppen unter achtzehn und über fünfundsechzig Jahren ebenfalls Menschen von depressiven Störungen betroffen sind.

Depressionen verlaufen meist in Form von Krankheitsphasen (Episoden), die Wochen bis Monate, manchmal auch Jahre anhalten können. Wenn sie unbehandelt bleiben, können die Krankheitsphasen rezidivierend sein, das heißt erneut auftreten. In manchen Fällen können sie auch einen chronischen Verlauf nehmen.

Ich spreche hier nicht von einer depressiven Stimmung, die jeder einmal durchmacht, sondern von einer andauernden, ernst zu nehmenden Bedrücktheit mit unterschiedlichen körperlichen Begleitsymptomen. Sie führen zu Frühberentungen und haben in den letzten Jahren zugenommen, wobei manches unter der Modediagnose *Burn-out* zu finden ist.

Die Umfrage erfasst nicht das Schuldthema. Es spielt keine Rolle in der Gesundheitsbefragung. Persönliche

Schuldgefühle werden allenfalls im Rahmen einer psychologischen Einzelsitzung oder in seelsorgerlichen Beratungsgesprächen erwähnt.

In meiner Praxis sind sie wichtiger Bestandteil der Therapie, wobei es für die subjektive Befindlichkeit unerheblich ist, ob es sich um echte oder eingebildete Schuldgefühle handelt. Die Folgen sind für die Gesundheit gleichermaßen hoch. Über die Hälfte meiner Klientel erwähnt im Anmeldebogen Schuld als zentrales Problem.

Es kommt vor, dass Schuldgefühle in Zusammenhang mit dem Verlust eines geliebten Menschen stehen: fehlende Versöhnung, Einsicht in eigenes Fehlverhalten. Nicht selten gehen sie einher mit Wut auf sich selbst und Wut über versäumte Chancen. So stellt die Triade »Schuld – Trauer – Depression« ein Bündnis dar, das in der medizinisch-psychologischen Behandlung immer noch zu wenig als Gesamtpaket gesehen wird. Ich möchte unter anderem darlegen, dass vorwiegend falsche Schuldgefühle zu Depressionen und Trauer führen können. Diese gilt es zu erkennen und sich von ihnen zu verabschieden.

SCHULD

Schicksalsschläge lassen sich ertragen,
sie kommen von außen, sind zufällig.
Aber durch eigene Schuld leiden –
das ist der Stachel des Lebens.

Oscar Wilde

Der Unterschied von Schuld und Sünde

Sünde bedeutet Trennung, Trennung von Gott. Das Wort kommt unter anderem auch in »Sund«, einer Wassermasse, die zwei Landmassen trennt, vor, und auch in dem Wort »absondern«. Der Mensch ist von Gott getrennt, er lebt als »Sünder«, als Getrennter. Es sind Einzelsünden, konkrete Gesetzesübertretungen, oder besser gesagt: bewusste Verletzungen der Liebe.

Das Wort Sünde stammt aus dem religiösen Sprachgebrauch und wird heute neben dem Bezug auf Gott auch benutzt, um einen Frevel gegenüber der Natur oder der Menschlichkeit zu benennen.

Schuld ist dagegen das Unrecht, das als Folge der Sünde entsteht. Dieser Begriff ist allgemeiner und eher zivilrechtlich zu sehen. Schuld bezeichnet auch die existenzielle Situation des Menschen vor Gott: Ich schulde ihm alles. Ein Mensch kann vielleicht ein Leben lang frei sein von Sünden, bleibt aber Gott gegenüber schuldig. Ihm verdankt er alles.

Wer lügt, sündigt, sofern die Lüge aus niedrigen Beweggründen geschieht; es gibt ja auch eine Not, die die Lüge rechtfertigt, etwa um ein Leben zu retten oder eine unnötige Kränkung zu vermeiden. Wenn die Lüge nun Schaden anrichtet, zum Beispiel den Jobverlust eines Menschen, oder einen Imageschaden verursacht, liegt eine Schuld vor, die der Wiedergutmachung oder der Bestrafung bedarf.

Die beiden Begriffe Sünde und Schuld werden heute vermischt. So redet man vom Verkehrssünder, vom Steuersünder, was theologisch nicht passt. Eine zivile Gesetzesübertretung ist nicht unbedingt eine theologische.

Sünde ist im religiösen Sinn ein ziemlich umfassendes Wort. Es bezeichnet in der christlichen Religion nicht nur die einzelne Übertretung eines (göttlichen) Gebotes, sondern die Aufhebung der Gemeinschaft mit Gott. Der Mensch will sein Leben ganz allein in seine Hand nehmen. Der Mensch wird schuldig, weil er selbst »sein will wie Gott«, er weist Gottes Liebe zurück und missachtet seine Gebote. In anderen Religionen wird man durch Verletzung von Tabu-Gesetzen oder durch die Störung einer Ordnung schuldig. Sünde bedeutet, dass die Menschen ohne Verbindung und Übereinstimmung mit der größeren Wirklichkeit sind, der sie ihr Leben verdanken: ohne Beziehung zu ihrem Schöpfer, entfremdet von der Natur und im Kampf aller gegen alle. Heute empfinden die Menschen zu Recht Schuldgefühle, wenn sie eine Beziehung zerstören, wenn sie jemandem schaden.

Jede Sünde kann vergeben werden, ausgenommen, jemand will das Angebot der Vergebung nicht annehmen (man nennt das die Sünde gegen den Heiligen Geist). Die vergebene Schuld ist ein für alle Mal Vergangenheit; dennoch kann sie nachwirken und als Schuldgefühl spürbar bleiben. Deshalb ist es wichtig, eine Kultur der Versöhnung, auch sich selbst gegenüber, zu pflegen im Bewusstsein, dass Gott alles wiedergutmacht und die Menschen nicht bestraft. Wenn ich in diesem Buch von Schuld spreche, meine ich das subjektive Gefühl der Menschen, die sich einer lieblosen Tat bezichtigen; sie leiden unter Schuldgefühlen und Selbstvorwürfen oder unter dem Unrecht, das man ihnen antat.

In unserer »Heilenden Gemeinschaft«, die eine mehrwöchige Therapie im Pallotti-Haus umfasst, werden wir Therapeuten immer wieder mit dem Leid konfrontiert, das unseren Teilnehmern von ihren Erziehern oder Partnern zugefügt wurde. Da ist vom sexuellen, physischen und emotionalen Missbrauch die Rede, von Ehekriegen und Erbschleichereien, von Demütigungen und Ausgrenzungen aller Art. Es geht also um die Schuld anderer. Erst in den Rollenspielen und gruppendynamischen Übungen wird vielen bewusst, dass sie mitunter auch selbst ihren Anteil daran haben. Im Rollentausch – wenn sie den Part des Täters übernehmen – erkennen sie spät, dass auch der Täter Opfer war und Verhaltensmuster an den Tag legte, die er schon durch seine Eltern und Erzieher erlebte. So gibt er sie unbewusst weiter und wiederholt den »Fluch der bösen Tat, dass sie fortzeugend immer Böses muss gebären« (Friedrich von Schiller, »Wallenstein«). Wir nennen das eine systemische Schuldverstrickung, die sich über Generationen hinziehen kann.

Da fühlt sich ein Mensch schuldig, ohne es tatsächlich zu sein; und wir erkennen, dass er unbewusst eine ungelöste Schuld von Vorfahren trägt. Wir konnten manche Depression und existenzielle Trauerempfindung durch das Ritual der Vergebung und Abgrenzung von den Vorfahren auflösen. Erstaunlich ist dabei, wie sich nach einer solchen Aufstellung verhärtete Gesichtsmuskeln entspannen und Rückenschmerzen verschwinden, sicher auch mitbedingt durch die Massagen und Atemübungen.

Vom Sinn der Schuldgefühle

Das Versprechen nicht gehalten, jemanden laut angeschrien und einen anderen belogen: so etwas erzeugt Schuldgefühle. Warum? Weil das Verhalten lieblos war und gegen alle moralischen Regeln verstieß.

Warum aber bekommt einer Schuldgefühle, wenn er seine Diät abgebrochen oder zu viel Geld ausgegeben hat? Er hat ja niemanden gekränkt, schlimmstenfalls sich selbst. Auch das erzeugt ein Gefühl von Schuldigkeit: Er ist es sich selbst schuldig. Das hat etwas mit dem Ehrgefühl zu tun, mit mangelnder Disziplin. Das ist keine Sünde, aber eine Charakterschwäche.

Schuldgefühle signalisieren die Verletzung einer ethischen, religiösen oder sozial verbindlichen Vorgabe; sie sorgen dafür, dass wir uns selbst kontrollieren und in den mitmenschlichen Beziehungen, auch in der Beziehung zu Gott, nicht gänzlich versagen.

Tatsächlich verspüren wir besonders intensive Schuld, wenn es um Kränkungen geht. Solange wir ein intaktes soziales Gewissen haben, also Empathie, Mitgefühl und Wertebewusstsein zeigen, stellen sich angesichts bestimmter Verstöße Gewissensbisse ein. Die Hitliste der Auslöser für Schuldgefühle präsentiert an oberster Stelle die Vernachlässigung des Partners, die emotionale und sexuelle Untreue, das Nichteinhalten von Zusagen sowie gemeines, kühles

Verhalten. Ganz unten stehen Verlust der Selbstbeherrschung, mangelnde Diskretion und Lügen. Und wer beim zu schnellen Fahren erwischt wird, verspürt kurzfristig ein Schuldgefühlchen, das übergeht in den Ärger darüber, dass man erwischt wurde, nicht aber, dass man zu schnell fuhr.

Nun lassen sich Schuldgefühle auch verdrängen. Wer das immer wieder tut, wird irgendwann sein Gewissen – die soziale Alarmglocke oder Stimme Gottes – so weit abgetötet haben, dass er skrupellos alle Regeln über Bord wirft. Dann präsentiert sich das Bild des Mafiabosses, der seine Katze streichelt und gleichzeitig den Nachbarn tötet.

Ihm fehlt jegliche Handlungskontrolle, die vom Gewissen ausgeht. Er fragt nicht mehr, ob das, was er tut, gut oder schlecht ist; er tut es zunächst gegen die innere Warnung, später dann als Selbstverständlichkeit.

Schuldgefühle entstehen aber auch durch Unterlassungen: Wenn wir aus Feigheit oder Bequemlichkeit Leid nicht verhindern oder wenn wir Talente missbrauchen oder vernachlässigen, läuten die Alarmglocken, zumindest summt der innere Wecker. So ist Schuld immer auch weggeschobene oder geleugnete Verantwortung.

Keinerlei Schuldgefühle hat der Psychopath. Entweder hat er keine soziale Erziehung genossen, wuchs also in einem kriminellen Milieu auf, oder er hat eine neurologische Störung: Bei ihm ist die für Moralempfinden zuständige Abteilung im Vorderlappen des Gehirns zerstört, denn dort sitzt die Zentrale für Korrektur, Bewertung und Lernen aus Erfahrung. Und da er keine Empathie besitzt, hält er sein Verhalten für okay. So ist es ihm auch nicht möglich, begangenes Unrecht wiedergutzumachen oder sich zu entschuldigen. Er ist leider auch therapieresistent.

Schuldgefühle sind wichtige Indikatoren für falsches Verhalten. Sie sollten wieder verschwinden, sobald das Unrecht korrigiert wurde oder eine Entschuldigung erfolgte. Bleiben die Schuldgefühle und führen sie dann auch noch zu depressiven Gedanken, stellt sich die Frage, ob es sich hier um falsche, eingebildete Gefühle handelt oder ob keine Selbstvergebung stattfand. Die Vergebung sich selbst gegenüber scheint sehr schwierig zu sein, wie wir in den Therapiesitzungen wiederholt feststellen können. Es hat möglicherweise etwas zu tun mit einem hohen Selbstanspruch oder Narzissmus. »Das vergebe ich mir nie« bedeutet: Ich habe einen zu hohen moralischen Anspruch und einen Hang zum Perfektionismus, die es mir nicht erlauben, so rasch über meine Fehler hinwegzuschauen. Tatsächlich hängt die Fähigkeit zur Selbstverzeihung mit Demut zusammen. Wer sich ein Leben lang wegen alter Sünden anklagt, »beleidigt« Gott, der längst verziehen hat, und kränkt sich selbst; er läuft Gefahr, sich unbewusst dafür zu bestrafen, indem er seine Erfolge sabotiert, seine Gesundheit ruiniert und das für eine Strafe Gottes hält bzw. für eine verdiente Zurechtweisung des Schicksals. Man kann also sagen, dass viele sich selbst hassen, wenn sie sündigen, und nicht die Sünde.

Ein seelisch halbwegs widerstandsfähiger und moralisch handelnder Mensch fragt sich nach den Gründen seiner Gewissensbisse, lernt daraus und hört auf, sich damit herumzuquälen. Statt schuldvoll im Gestern und jammernd im Heute zu verharren, blickt er zuversichtlich ins Morgen. Wir haben einen Gott des Lebens und der Freude, nicht der Rache und des Opferns. Dieser Gott will keine Opfer und keine Trübsal, sondern Vertrauen. Das aber scheint für viele schwieriger zu sein; so bringen sie lieber fromme Opfer in der Annahme, ihren zornigen Gott damit besänftigen zu können. Gott aber verdammt niemanden.

Unsinnige Schuldvorwürfe sich selbst gegenüber vermiesen die Lebensqualität. Sie dienen zur Linderung einer tiefen inneren Not.

»Ich mache alles falsch.«
»So was passiert nur mir!«
»Geschieht mir ja recht!«
»Mich mag ja sowieso keiner.«
»Ich schaff das nicht.«

Derartige Anklagen verschleiern tief liegende Schuldgefühle und halten her als Polster für schmerzliche Kränkungen und früh erlittene Demütigungen. Wer so spricht, macht die Welt für sich verstehbarer und sein eigenes Missgeschick erklärbarer. Ja, wenn das Schicksal so unfair mit mir umgeht, dann kann ich ja nichts dafür und dann habe ich eine Erklärung für meine Situation. So wird die Welt für mich ein wenig kontrollierbarer.

Gewiss stimmt es nicht, dass man alles falsch macht, dass es nur mir geschieht und dass mich keiner mag. Solche Behauptungen sind konstruierte Urteile, die die Verantwortung für mein Leben relativieren sollen. Sie sind Ausdruck einer tief sitzenden existenziellen Kränkung.

Wir fordern die Teilnehmer unserer »Heilenden Gemeinschaft« auf, sich vor allen anderen in den Kreis zu stellen und laut zu sagen:

»Es war nicht meine Schuld!«
»Ich darf Fehler machen.«
»Es ist völlig o.k., Nein zu sagen.«
»Ich habe ein Recht auf mein eigenes Leben.«
»Ich bin liebens- und lebenswert mitsamt meinen Schwächen.«
usw.

Echte und falsche Schuldgefühle

Eine Witwe bittet ihren einzigen Sohn, nicht im Ausland zu studieren, da sie sonst allein sei. Wenn ihr etwas zustoßen würde, wäre niemand da. Der Sohn hat nun Zweifel, ob es richtig ist, seine Mutter zu verlassen, die im Übrigen gesund ist und Freundinnen hat. Er entscheidet sich zum Gehen und bekommt prompt Schuldgefühle wegen seiner »Lieblosigkeit«. Nach weiteren Überlegungen und der Vorstellung, die Mutter nicht zu verlassen, verspürt er ebenfalls keinen inneren Frieden, da er seiner Intuition nicht folgt und den inneren Ruf verleugnet. Was ist zu tun?

Ein Freund wird um einen größeren Kredit gebeten, den er aus Angst vor dem Verlust des Geldes verweigert. Seine Ehefrau fordert ihn auf, keinesfalls Geld zu verleihen, da so etwas – bekanntermaßen – meist schiefgeht. Der Mann schwankt nun zwischen dem Ja seinem Freund zuliebe und dem Nein seiner Frau zuliebe.

In beiden Fällen kann es sein, dass sich die Personen schuldig fühlen werden, egal, welche Entscheidung sie fällen. Sie sitzen in der Zwickmühle und müssen sich für das kleinere Übel oder Schuldgefühl entscheiden. Aber für welches?

Es gibt nicht immer eine Patentlösung; auch hier nicht. Ich persönlich halte das Auslandsstudium des jungen Mannes für berechtigt – die Mutter wird schuldig, weil sie ihren Sohn nicht loslassen kann. Im zweiten Beispiel muss allein der Mann abwägen.

Je nach genossener Erziehung und religiöser Einstellung liegen die Gefühle anders. Skrupulöse und zwanghafte Personen sind kaum imstande, hier frei von Schuldgefühlen zu bleiben. Das Neurotische daran sind die ewigen Zweifel und Selbstvorwürfe, die einer solchen Entscheidung folgen. Gerade depressive und überangepasste Menschen neigen dauerhaft zu moralischen Selbstzerfleischungen, wenn sie meinen, dem anderen nicht gerecht geworden zu sein.

So kommt es vor, dass sie sich selbst bestrafen, indem sie meist unbewusst ihr Glück sabotieren oder ganz bewusst viele fromme Leistungen erbringen, um einen Ausgleich zu schaffen. Denn Selbstbestrafungen (wie etwa die Flagellanten in Sevilla, die sich in der Karwoche den Rücken blutig geißeln) und falsche Schuldgefühle stellen eine Art Ausgleich her. So will jemand nicht studieren, weil er seinen Vater nicht übertreffen will, der »nur« ein Arbeiter ist. Oder eine begabte Schauspielerin will dem Ruf nach Hollywood nicht folgen, weil sie glaubt, eine bessere Karriere nicht verdient zu haben.

Dahinter steckt die Meinung, man sei ein schlechter Mensch und habe es nicht anders verdient. Das führt dann zu Selbstbestrafungen oder zur Auffassung, Gott strafe einen dafür.

Falsche Schuldgefühle können entstehen, wenn einer die Erwartungen anderer nicht erfüllt; wenn er die Bitten anderer abschlägt, auch dann, wenn die Verweigerung richtig war. Denn der überangepasste, manipulierte Mensch weiß nicht zu unterscheiden.

Wer immer jammert und wehleidig seine Fehler betont, wer penetrant Trost durch nervige Klage sucht, ist Opfer einer schuldzuweisenden Erziehung geworden. Vielleicht wurde auch mit dem »lieben Gott« gedroht oder im Falle des Ungehorsams mit Liebesentzug gestraft.

Echte Schuld liegt immer vor bei bewusster Lieblosigkeit, Provokation, Demütigung. Sie wird selten laut vorgetragen, eher verheimlicht, abgespalten und manchmal auf andere projiziert. Wahre Schuld besteht nicht immer in der Nichtbeachtung von Gesetzen; da kann mitunter die akribische Anwendung eines Verbotes schlimmer sein als seine Übertretung. Buchstabentreue war für Jesus immer ein Gräuel.

Heute bekommt schon ein junges Mädchen Schuld- und Schamgefühle, wenn es nicht schön genug ist, keine Markenartikel trägt oder nicht das neueste Smartphone besitzt. Mit wahrer Schuld hat das wenig zu tun.

Wer Sätze wie »Ins Grab bringst du mich noch …« – »Du bist aber auch zu nichts zu gebrauchen« oder »Was hab ich alles für dich getan, du bist undankbar« zu hören bekam, kann rasch funktionale, unechte Schuldgefühle entwickeln. Funktional heißen sie, weil sie dazu dienen, das Kind gefügig und angepasst zu machen: Es soll im Sinne der Erzieher funktionieren. Das ist die Wurzel des depressiven Denkens und Fühlens.

So sind dauerhafte Schuldzuweisungen, Gesetzesdenken, Harmoniesucht, Liebesentzug und Angst vor sozialer Ausgrenzung (oder vor der Hölle) der Stoff, aus dem Depressionen gemacht werden. Und da eine Portion Wut auf die Erzieher dabei ist, wird sie entweder auf die Täter geworfen oder gegen sich selbst gerichtet, schlimmstenfalls im Suizid.

Aber unbewusst.

Wer Verantwortung verweigert, ist real schuldig; er wird vielleicht sagen: »Ich kann nicht« oder »Ich bin nichts wert«. Das wäre dann nur ein Schuldgefühl. Wer sich schuldig fühlt aufgrund »schmutziger« Gedanken, hat noch keine Sünde begangen; vielleicht aber lässt er berechtigte Lust nicht zu. Und wer meint, immer dienen zu müssen, kann schuldig werden in der Verhinderung seiner eigenen Fähigkeiten. Sie sehen, die Dinge sind nicht immer so einfach; allein Gott vermag unsere wahre Schuld zu erkennen.

Fühlen wir uns schuldig, wenn wir bei Rot über die Kreuzung fahren? Zu viel in den Warenkorb gelegt haben? Uns den Bauch vollgeschlagen haben? Und wo sind die berechtigten Schuldgefühle, wenn wir Leute über den Tisch ziehen oder Mogelpackungen verkaufen? Es gibt nicht nur falsche und echte Schuldgefühle, es gibt auch längst verdrängte echte Schuld.

Verschiedene Tricks, Schuld abzuwehren

Da Schuld und Schuldgefühle peinlich sein können, werden sie gern geleugnet. Wenn dieses Nicht-wahrhaben-Wollen lange genug praktiziert wird, glaubt der Betreffende am Ende an seine vollkommene Unschuld. Reflexhaft sagen viele, wenn sie verdächtigt werden: »Das war ich nicht.« Die Angst vor dem Imageverlust oder das tiefe Schamgefühl verführen manchen zur Lüge.

Eine solche verdrängte Schuld wird in der Folge auf andere geschoben; man spricht von Projektion. Immer wieder müssen »Bauernopfer« als Sündenböcke für die Fehler anderer herhalten. So glaubt man, sich von der eigenen Schuld zu befreien. Das Bild von sich selbst bleibt so frei von Widersprüchen, jedoch ist das Bild von den anderen verzerrt. Mancher hat beim Aufzählen der Fehler anderer mehr Vergnügen, als jene es hatten, während sie sie begingen.

Ob Wut oder Scham, ob Angst oder Schuld, wer diese Gefühle verdrängt, läuft Gefahr, depressiv zu werden. Tatsächlich bedeutet das Wort Depression »Unterdrückung«. Man kann also wortspielend behaupten: Eine Impression ohne Expression führt zur Depression, das heißt ein Empfinden ohne Ausdrucksmöglichkeit versinkt im Unterbewussten.

Eine weitere häufige Abwehrform ist die Rechtfertigung. So entzieht man sich der Verantwortung für das eigene Tun. Ein achtjähriger Bub beichtet mir eine Lüge. Er belog seine Mutter, die ihn fragte, wer das Bild kaputtgemacht hat. Auf meine Frage, warum er logen habe, meinte er: »Wenn ich die Wahrheit gesagt hätte, wäre sie tagelang schlecht gelaunt gewesen. Das war das Bild nicht wert.«

Was passiert, wenn jemand ein Leben lang lügt und sich der Verantwortung entzieht? Er wird sich keineswegs glücklich fühlen, sondern unzufrieden sein; er wird auf einer bestimmten Entwicklungsstufe fixiert bleiben und somit die Angst, an den Herausforderungen des Lebens zu scheitern, vermeiden. Derartige Fixierungen beobachten wir Therapeuten häufig: Männer oder Frauen sind nicht erwachsen geworden im Sinne eigenverantwortlicher Lebensgestaltung. »Hotel Mama« kann beispielsweise die Entwicklung blockieren; es ist einfacher, bedient zu werden als Probleme anzupacken und möglicherweise Fehler zu machen. Etwaiges Schuldempfinden für diese Bequemlichkeit wird gern rationalisiert, das heißt mit vernünftigen Scheinargumenten verteidigt: »Mutter braucht Hilfe, Vater ist krank« oder »Ich finde keine angemessene Wohnung« usw.

Im Erfinden von Abwehrmechanismen sind wir sehr geübt. Nach Freud gibt es über zwanzig verschiedene Strategien; die meisten machen krank oder verraten sich auf verschlüsselte Weise. Ich weiß von einer älteren Dame, dass sie viel lügt, um ihr sozial geachtetes Bild in der Öffentlichkeit zu wahren. Ihre

Ehe ist gescheitert und auch in Bezug auf ihre finanzielle Lage ist sie nicht gerade ehrlich. Auffallend sind ihre stereotypen Bemerkungen, die sie in Gesprächen einstreut: »Nun wollen wir doch mal ehrlich sein …« – »Wenn ich ehrlich sein soll, dann …« – Also, ehrlich gesagt, …«

Richter und Kriminalbeamte haben ein feines Gespür für Lügen. Die Täter verplappern sich gelegentlich, zeigen verräterische Züge in der Mimik. Ihre Körpersprache entlarvt sie. Nicht selten weisen sogar kranke Organe und gestörte Körperfunktionen auf eine langjährige Unterdrückung elementarer Bedürfnisse und Gefühle hin. Das hat die psychosomatische Medizin längst erkannt. Schon im Psalm 38 klagt der Täter infolge einer Schuldverdrängung (Mord) über diverse Krankheiten wie Depression, Rückenschmerzen, Herzstechen, Rheuma, Magenprobleme und Hautausschläge. Erst nach dem reuevollen Bekenntnis seiner Schuld trat die Heilung ein.

Der eklatanteste Fall einer sogenannten Konversionsneurose in meiner Praxis war die Lähmung eines 28-jährigen Mannes. Konversion bedeutet, dass eine seelische Belastung in eine körperliche Störung umgewandelt wird. In der Pubertät hatte der junge Mann mit dem Stock seinen Vater geschlagen, weil dieser ihn seinerseits verprügeln wollte. Daraufhin verweigerte der Vater bis zu seinem Tod jedes Gespräch mit dem Sohn. Der entwickelte allmählich eine Lähmung in der rechten Hand, die den Stock führte. Keine

Therapie half. Mir war klar, dass er sich selbst bestrafte. Zudem trat immer dann noch ein Brechreiz auf, wenn er in eine Kirche gehen wollte.

Erst mein Hinweis auf die Notwendigkeit einer dreifachen Vergebung führte zur Heilung. Er sollte schriftlich den toten Vater um Vergebung bitten, den Brief dann auf dem Grab verbrennen, sich selbst und dem Vater verzeihen, der außer sich war vor Wut. Das tat der junge Beamte. Heute ist er frei von der Lähmung und sogar Mitglied im Kirchenchor.

Aus Shakespeares »Macbeth« wissen wir, was Schuld anrichten kann, wenn sie nicht angenommen und bereut wird. Lady Macbeth hat einen Mord begangen und irrt nun durch das Schloss; sie muss sich ständig zwanghaft die Hände waschen. Doch das schreckliche Schuldgefühl verschwindet dadurch nicht. Sie hat einen klassischen Waschzwang entwickelt. Und der Kastellan spricht die aufschlussreichen Worte: »Mir scheint, sie bedarf des Priesters mehr als des Arztes.«

Zwänge dienen der Abwehr von Angst oder Schuld. Es sind Rituale, die jedoch nur kurzfristige Befreiung bringen, sei es, ständig kontrollieren zu müssen, ob das Licht aus ist, sei es, den gefühlten Schmutz am Körper durch endloses Duschen wegzuwaschen.

Es geht darum, etwas ungeschehen zu machen. Ich bin vielen frommen Leuten begegnet, die sich mit solchen Reinigungs- und Sühneritualen abmühten. Selbst in bescheidenem Ausmaß mögen sie vielfach vorkommen, zum Beispiel betet jemand drei Rosenkränze, nachdem er seine Ehe brach. Oder jemand spendet Geld, nachdem er einen anderen bestohlen hat. Die Frage stellt sich, warum jemand viele Gebete oder Opfer oder Verzichtleistungen praktiziert. Will er Gott versöhnen? Braucht er nicht, Gott ist versöhnt. Will er seine Sünden abbüßen? Braucht er nicht, Gott vergibt bedingungslos. Will er für sich selbst einen Ausgleich schaffen, um Frieden zu finden? Wenn es hilft, sei's drum. Der Gedanke, fromme Leistungen Gott anzubieten, ist nicht biblisch, wohl aber im katholischen Denken verhaftet. Gott will keine Opfer (Ps 51), sondern Vertrauen; zu vertrauen aber scheint vielen schwerer zu fallen; also opfern sie.*

Es hat etwas mit magischem Denken zu tun und ist verwandt mit der Sublimierung.

Hierbei geht es darum, Energien in höhere geistige Ebenen zu heben, also zu verfeinern. So kann man

---

* Es ist etwas anderes, wenn man sein Leben für jemanden opfert, oder wenn man eine Widerwärtigkeit, ein Leid Gott aufopfert. Hier gibt man dem Leid einen Sinn. Zusätzliche Opfergaben sind nicht in der Botschaft Jesu enthalten. Es heißt bei Sir 35,1: »Viele Opfer bringt dar, wer das Gesetz befolgt.« Und bei Matth 9,13: »Barmherzigkeit will ich, nicht Opfer!« Gebete und Fasten können jedoch ein dringliches Anliegen unterstützen, so wie es die Gottesmutter in vielen Botschaften empfiehlt.

aggressive oder sexuelle Triebe umleiten in altruistisches Handeln, in künstlerische / sportliche / religiöse Verhaltensweisen. Das ist legitim und im Alltag häufiger als man annimmt. Ungeschehen-machen-Wollen und Sublimierung können sich überschneiden.

Die Annahme der eigenen Schuld bleibt immer noch die beste Lösung. Dies erfordert Mut und Demut, macht aber frei, vor allem, wenn man an die Vergebung durch Gott glaubt.

Die Schuld anderer verstehen

Erlittenes Unrecht kann schlimme Folgen für Täter und Opfer nach sich ziehen. Täter werden in der Regel dafür bestraft; das sorgt beim Opfer für einen gewissen Ausgleich, sofern sein Gerechtigkeitsgefühl angesprochen wird. Wird der Täter nicht gefunden oder juristisch belangt, kann der Schmerz beim Opfer oder bei den Angehörigen eines Getöteten jahrelangen Unfrieden erzeugen. Die Seele schreit nach Ausgleich.

Auch der Täter will im Tiefsten seiner Seele für seine Tat büßen, zumindest dann, wenn sein Gerechtigkeitsempfinden noch halbwegs intakt ist. Er wird keine Ruhe bekommen, solange er nicht dazu stehen kann. Immer wieder lesen wir, dass sich Täter oftmals nach vielen Jahren der Justiz stellen, um ihre Tat zu sühnen.

Die Reue eines Täters wirkt sich auf das Strafmaß aus; auch die Opfer sind dann eher zu einer Vergebung bereit. Es mag uns seltsam vorkommen, dass die Anwälte eines Schwerkriminellen alles tun, um ihn zu verteidigen und das Strafmaß so gering wie möglich zu halten. Machen sich diese Juristen nicht mitschuldig?

Doch diese Anwälte versuchen zu verstehen. Sie suchen alle möglichen Beweggründe und Hintergründe zum Begreifen des oftmals Unbegreiflichen.

Das Motiv ist wesentlich; auch die Umstände, die zur Tat führten. Sind wir selbst nicht manchmal erschrocken über unsere eigenen unmoralischen Verhaltensweisen anderen gegenüber? Und wie sehr hoffen wir dann auf Verständnis, auf Milde und Verzeihung. »Vergib uns unsere Schuld, wie auch wir vergeben unseren Schuldigern« beten die Christen tagtäglich. Wie aber schaut die Praxis aus?

Ein Bekannter lieh sich ein Hemd bei mir aus; er war arm, arbeitslos und ohne Verwandte. Nach einem halben Jahr fragte ich nach meinem Hemd. Es kam jedoch kein Kontakt zustande: ans Telefon ging er nicht, Briefe wurden nicht beantwortet und die Wohnungstür nicht geöffnet. Totale Funkstille. Das ärgerte mich. Also legte ich ihm ein neues Hemd vor die Wohnungstür, versehen mit dem Zettel: »Für dich von mir.«

Am gleichen Abend läutete das Telefon.

Er: »Was soll das mit dem Hemd vor der Tür. Ist das von dir?«

Ich: »Ja. Ich dachte du brauchst Hemden. Denn das ausgeliehene kam nie zurück.«

Er: »Ja, tut mir leid, dass ich mich nicht mehr gemeldet habe. Es ist mir kaputtgegangen, und ich hatte kein Geld, ein neues zu kaufen. Tut mir leid ...« Ich spürte seine Scham, die ihn daran hinderte, den Kontakt mit mir zu halten. Er tat mir leid.

Ich: »Kein Problem. Vergiss das Ganze. Ich schenk dir das Hemd und lade dich heute Abend zum Essen ein.«

Zum ersten Mal wurde mir deutlich, wie sehr die Scham blockieren kann; es war also nicht Rücksichtslosigkeit oder Unehrlichkeit, sondern die Angst vor der Konfrontation und die Scham wegen seiner Armut.

Um Täter zu verstehen, muss man in deren Pantoffeln gehen, sagt ein indianisches Sprichwort. Dieser junge Bekannte, der dann zum Freund wurde, war einsam, Vollwaise und geriet in den Einfluss einer Diebesbande. Er suchte Gemeinschaft und wurde selbst betrogen, kam ins Gefängnis und hatte niemanden als mich. Da er nichts gelernt hatte, suchte er Hilfsarbeiten und wurde von verschiedenen Arbeitgebern entsprechend ausgenutzt. Seine enorme Fähigkeit, antike Möbel zu restaurieren, brachte er sich selbst bei; aber sie wurde nie gerecht bezahlt. Ohne meine Unterstützung wäre er wahrscheinlich auf die schiefe Bahn geraten. Ich erkannte im Laufe der Zeit seine Hilfsbereitschaft und Gutmütigkeit, aber auch seine existenzielle Not. In meinen Augen trugen seine Ausbeuter Mitschuld an der Misere; er war in Wirklichkeit mehr Opfer als Täter.

Die meisten Täter erkennen ihre Schuld und sind bereit zur Wiedergutmachung und Buße. Es gibt auch solche, die vermutlich pathologische Züge tragen und therapieresistent sind. Eine große Hilfe für die Opfer und Opferfamilien ist das Wissen um die Tat; sie wollen die Gründe erfahren: Warum? Weshalb? Der nächste Schritt ist, den Täter zu sehen und möglicherweise auch mit ihm zu sprechen. Man versucht, sich dem Unfassbaren zu nähern, um zu verstehen. Hat man dann verstanden – soweit das geht –, ist auch der Schritt zur Vergebung möglich.

Papst Johannes Paul II besuchte seinen Attentäter Ali Agca im Gefängnis; nachdem er mit ihm sprach und betete, umarmte er ihn. Das war nicht nur Vergebung, das war schon Versöhnung.

Jene, die ausschließlich auf Rache aus sind und ein Höchstmaß an Strafe wünschen, befinden sich auf der ersten, impulsiven Ebene. Ich kann das verstehen, denn böse Taten verlangen nach harten Strafen. Wer aber beurteilt das Böse? Wann ist etwas böse? Selbst ein Mann wie Rudolf Hess glaubte, als untertäniger Henkersknecht einer schrecklichen Ideologie richtig gehandelt zu haben. Die einzigen Schuldgefühle, die er zugab, hatte er im Nürnberger Gerichtssaal, als er einmal beim Eintreten des Hohen Gerichts sitzen blieb. Was für eine Biografie und Erziehung muss ein Mann wie Hess aufweisen, um so zu werden? Wer alles trägt hier Mitschuld?

Ich plädiere keineswegs für Freispruch; ich bin zu sehr Theologe, Psychologe, vor allem Christ, um nicht auch das Verstehen einzufordern und somit vielleicht auch das Vergeben.

Jeder, der einen anderen verletzt, ist bereits selbst ein Verletzter. Meine Mutter pflegte angesichts meiner pubertären Aggressionen zu sagen: »Jörg, jetzt hast du mir wehgetan. Wolltest du das?« Oder zu einem Nachbarn, der sie einmal kränkte: »Klaus, ich frage mich, wer dich verletzt hat, dass du mir jetzt so kommst!« Das hat mich sehr beeindruckt.

Wir können nur Frieden finden, wenn wir im Bewusstsein leben, dass Gott uns die Gerechtigkeit (nach dem Erdenleben) verschaffen wird, und dass jeder Täter auch Opfer ist. Ich frage mich oft, wie ich selbst in der Haut des anderen gehandelt hätte. Schließlich sind wir alle Sünder; über die Größe einer Schuld kann allein Gott befinden.

Die Schuld der Eltern und Kinder

In unserer Heilenden Gemeinschaft wird in der ersten Woche ein großer Teil der Zeit mit der Klage über die Demütigungen und Kränkungen zugebracht, die die Teilnehmer durch ihre Eltern erlitten haben. Es sind oft schier endlose Ausführungen, verbunden mit Tränen und körperlichen Schmerzen. Fehlende Zuwendung, radikale Ausgrenzung, emotionaler und physischer Missbrauch, tobende Väter und ohnmächtige Mütter, aufgezwungene Anpassung – all dies sind die Themen in Einzel- und Gruppensitzungen. Jahrelang unterdrückte Wut und Trauer kommen hoch; sind die Anklagen vorgebracht, tauchen auf einmal Schuldgefühle auf, weil man die Eltern so schlecht dargestellt hat. Dann werden Versuche unternommen, die Kritik etwas zurückzunehmen und auch ein paar gute Erfahrungen einzubringen. Hier schlägt das vierte Gebot zu: Du sollst deine Eltern ehren. Wer seine Kränkungen hinausschreit und seine Eltern anklagt, tappt mitunter in die Falle der Ambivalenz: einerseits sollst du die Eltern lieben, andererseits haben sie dir Schmerz zugefügt. Und du bist wütend.

Einige dieser Opfer haben, ohne es zu merken, jene angeprangerten Verhaltensweisen auch bei ihren eigenen Kindern gezeigt. Sie handeln manchmal genauso wie ihre Eltern. Diese Erkenntnis kommt den

Betreffenden merkwürdigerweise erst dann, wenn sie die Klagen der anderen Teilnehmer hören.

»Ich habe mit Schrecken gemerkt, dass ich ja selbst manchmal so bin wie meine Mutter. Dabei wollte ich niemals so sein wie sie«, bemerkte eine Mutter von drei Kindern. Tröstlich ist für viele die Erkenntnis, dass sie nicht allein sind mit ihrer Not; diese gemeinsame Erfahrung bindet die Gruppe und öffnet sie auch zugleich.

Recht bald folgt die Einsicht, dass jeder Täter auch Opfer ist und das weitergibt, was er bekommen hat. Selbsterkenntnis und Aufdeckung seelischer Hintergründe helfen den Betroffenen bei der Korrektur ihres Verhaltens. Es darf nicht bei der Anklage bleiben.

Ist ein Kind behindert, stellen sich bei den Eltern Schuldgefühle ein: Was haben wir falsch gemacht? Dann besteht die Gefahr, dass sich besonders die Mutter intensiver um das Kind kümmert, es zu sehr einengt und unselbstständig macht. Zeigt das so umsorgte Kind auf einmal vermehrt Widerstand und Trotz, wird ihm Undankbarkeit vorgeworfen: »Was habe ich alles für dich getan, du bist undankbar!« Das Kind rutscht in eine gefährliche Abhängigkeit bei gleichzeitiger Auflehnung und blockiert so seine Selbstfindung. Dabei war alles ja so »gut gemeint«.

Umgekehrt werfen sich Eltern vor, für die Kinder zu wenig getan zu haben. Die dann folgenden Entschuldigungen und Erklärungen helfen nicht wirklich weiter. Es kommt auch vor, dass die Kinder die Eltern trösten wollen und so unbemerkt in eine Partnerrolle rutschen, die ihre seelische und psychosoziale Entwicklung verhindert. Mütter suchen dann einen Partnerersatz, vor allem, wenn der eigene nicht verfügbar oder zu schwach ist. Wir nennen dies einen emotionalen Missbrauch; er ist häufiger anzutreffen als vermutet und ebenso folgenschwer wie ein sexueller Missbrauch.

Wenn Kinder die Schuld der Eltern spüren, übernehmen sie sie. Dann tun sie alles, um sie wiedergutzumachen: Sie opfern sich auf, verzichten auf vieles und wollen ihre geliebten Eltern retten. Besonders dramatisch kann das bei drohender Scheidung der Eltern werden. Ist das nicht schon schlimm genug, so wird noch einmal eins draufgesetzt, wenn ein Elternteil die Kinder auf seine Seite ziehen will und den Partner schlechtmacht. Kinder lieben beide Elternteile gleichermaßen; wird ihnen ein Teil entzogen, leiden sie noch mehr. Da werden die Eheprobleme der Erwachsenen auf Kosten der Kinder ausgetragen, auch vor Gericht, wenn dann Kinder getrennt einem Elternteil zugesprochen werden. Bei solchen Urteilen fehlen den Richtern entsprechende Gutachter; da wird zu vorschnell und inkompetent »im Namen des Volkes« ein neues Leid erzeugt.

Elterliche Liebe kann ziemlich verunglücken, wenn man als Vater oder Mutter selbst keine Liebe empfangen hat. Dann sind entweder ein Übermaß an Zuwendung oder ein Fehlen derselben die Folgen. Heute spricht man gelegentlich von Helikoptereltern; gemeint sind überbesorgte Eltern, die ihre Kinder überallhin begleiten, sie vor allem beschützen und vor den Gefahren der Welt bewahren wollen. Sie fahren sie in die Schule und holen sie ab; sie grenzen ihre Freiheiten draußen ein und kontrollieren ihre Lebensabläufe. Die Kinder ihrerseits hängen eher am Computer und iPhone, statt mit Freunden zu spielen.

Ihr soziales Netz befindet sich im digitalen Raum. Lebensbewältigung vor der Haustür findet kaum statt, was Helikoptereltern nur recht sein kann.

Auch unsere Generation hatte ein soziales Netz. Man nannte es »draußen«. Wir waren von morgens bis abends kaum zu Hause, spielten im Wald, im Stadtviertel, bauten Baumhäuschen, machten uns schmutzig, hatten Schürfwunden und blaue Flecken. Wenn wir uns balgten, gab es keine Anzeigen. Und wenn wir Dummheiten angestellt hatten, gaben unsere Eltern der Polizei recht.

Eine junge Frau möchte Bühnengestalterin werden; sie ist hochbegabt und hat dazu alle Voraussetzungen. Ihre Eltern sind beide Ärzte und wünschen auch für ihre Tochter ein medizinisches Studium. Sie gehorcht, ist aber unglücklich und entwickelt eine Magersucht. Sie will Vater und Mutter nicht enttäuschen und zahlt dafür den Preis des eigenen

Wohlbefindens. Am Ende der Therapie hat sie genug Kraft gefunden, sich zu lösen und ihren Weg durchzusetzen, wobei ihr der Auszug von zu Hause wichtig ist.

Entscheidend für sie war das Erlernen der Abgrenzung (von den elterlichen Wünschen) ohne Schuldgefühle und der Übernahme der Eigenverantwortung (Wohnungswechsel, neue Ausbildung). Das aber gelingt nur, wenn bei aller Distanzierung die Dankbarkeit den Eltern gegenüber erkannt und gezeigt wird. Egal, was schiefgelaufen sein mag, den Eltern gebührt immer Dank. Ihnen verdankt man die Existenz, die materielle Versorgung, die Zuwendungen … Eine Abnabelung vom Elternhaus kann nur gelingen, wenn die gebührende Dankbarkeit gezeigt wird. Ohne sie würde sich der Friede im Herzen niemals einstellen. Wer im ständigen Vorwurf lebt, bleibt unreif und unglücklich. Und wer lebenslang die Schuld bei den Eltern sieht, steckt in der Falle des Hochmuts. So ist letztlich immer das Loslassen – die Vergebung – das Medikament für die Befreiung. Das gelingt kaum in endlosen Gesprächssitzungen oder Appellen an den guten Willen, sondern in Aufstellungen, Rollenspielen, in den gruppendynamischen Spiegelungen und in einer demütigen Selbsterkenntnis.

Eine Therapie, die lediglich Wut oder Angst oder Empörung herauslockt und bei den Vorwürfen gegen die Eltern stehen bleibt, ist amputiert; sie hilft nicht wirklich. Erst die nächsten Schritte führen zur Befreiung; sie heißen Verstehen, Vergeben, Dankbarkeit.

Gerade rief eine überaus besorgte Mutter an und beschwerte sich über das Verhalten ihres Sohnes, der aufgrund einer Therapie wegen Depressionen zur Erkenntnis gelangte, dass sie, die Mutter, an allem schuld sei. Er berief sich dabei auf seinen Therapeuten. Inwieweit dieser der Mutter alles anlastete oder nur die Anklagen des Sohnes bestätigte, blieb offen. Der Sohn ist außer sich und sieht keinerlei Eigenverantwortung. Ich frage mich, was in dieser Therapie schiefgelaufen ist. Die Mutter sucht händeringend nach Lösungen. Ich habe die komplette Familie herbestellt.

Die Triade »Schuld – Scham – Wut«

Wir haben gerade erfahren, dass Kinder nach dem Aufzählen der lieblosen Taten ihrer Eltern plötzlich Scham empfinden, weil sie trotz der Wut auf sie und der erlittenen Abwertungen die andere, die gute Seite nicht erwähnt haben. So wollen sie die einseitige Kritik nun doch nicht stehen lassen und ein bisschen für Ausgleich sorgen.

Ein moralisch intakter Mensch wird angesichts seiner Verfehlungen Schamgefühle verspüren. Die Einsicht, falsch gehandelt zu haben, führt zur Bitte um Vergebung, auch zur Bereitschaft, dafür die Konsequenzen zu tragen. Die Ursache mögen Schamgefühle und auch die Angst vor sozialer Ausgrenzung sein, wenn Angeklagte im Gerichtssaal ihr Gesicht bedecken.

Eine Studie zur Scham von *United Minds* fand heraus, dass unkontrollierte Wutausbrüche die meiste Scham erzeugen. Dabei sind nicht einmal diese Aggressionen Hauptursache von Fehlverhalten, sondern die zugrunde liegenden Demütigungen, die sich über die Jahre angesammelt haben. Wie gesagt: Nur Gekränkte kränken.

Wer jedoch bei sich keine Schuld finden will, wird sie bei anderen suchen und die ursprüngliche Wut gegen sich selbst auf andere abwälzen. Das Drama, das sich in den arabischen Ländern durch IS und

Al Qaida vollzieht, ist nicht allein die Folge religiösen Wahns, sondern auch langer politischer Ausgrenzungen Andersdenkender. Hier schlagen Geschlagene zurück unter dem Deckmantel islamischer Gebote. Und wo die Scham fehlt, entsteht der Wahnsinn.

Gewalt ist immer ein verschlüsselter Notschrei: »Ich bin einsam; mich versteht keiner; ich fühle mich übergangen; ich suche meine verlorene Würde …«

So ist es wichtig, Verschlüsselungen zu verstehen, zu entschlüsseln. Wenn Ihr Sohn aus Zorn die Tür laut zuschlägt, bedeutet das: Er ist wütend. Es ist kaum sinnvoll, den wütenden Sohn aufzufordern, die Tür nicht so laut zuzuschlagen. Sagen Sie lieber stattdessen: »Du bist ja ziemlich verärgert. Darf ich wissen, warum?«

Um entschlüsseln zu können, braucht man Empathie. Wir sollten wissen, dass wir alle geneigt sind, unsere Scham und Wut auf andere zu übertragen, wenn wir sie nicht aushalten können. Das verschafft aber nur kurzfristig Erleichterung, weil dann nämlich Schuldgefühle auftreten.

Die Amokläufer sind allesamt ohnmächtige und zutiefst gekränkte Personen, die ihre Scham in Wut und ihre Ohnmacht in Allmacht verkehren, indem sie sich für das erlittene Unrecht rächen. Eltern und Freunde sind bestürzt, weil sie nie Anzeichen einer Wut oder Kränkung erkannten. Was wurde falsch gemacht? Es handelt sich aber bei den meisten um Personen, die unter ihrer Einsamkeit litten und in ihren stillen Sehnsüchten nie befriedigt wurden. Außerstande, darüber zu sprechen, häuften sie alle Frustrationen an, bis die Seele überkochte. Niemand war imstande, irgendwelche Vorzeichen zu entschlüsseln.

Ich bin in meiner vierzigjährigen Praxis unzähligen Menschen begegnet, die aus Scham über eine wirkliche oder vermeintliche Schuld sich selbst bestraften, indem sie ihre Gefühle und Bedürfnisse verbargen, sich in der Gesellschaft regelrecht kleinmachten und auf diese Weise wiederum verschlüsselt Zuwendung suchten. Zeigten andere Interesse an ihnen und suchten diese ihre Nähe, dann zogen sie sich verschämt zurück im Glauben, die Erwartungen der anderen nicht erfüllen zu können bzw. sich die Freude einer Freundschaft nicht gönnen zu dürfen.

So kann man durchaus Scham empfinden, ohne schuldig zu sein. Es ist das mangelnde Selbstwertgefühl, das einen zur Scham treibt, wenn man glaubt, den gesellschaftlichen Erwartungen nicht zu entsprechen. Ich-starke Exzentriker und selbstbewusste Originale stört das nicht. Mitunter sind sie sogar geradezu schamlos.

Hingegen halten sich schuldig gewordene Menschen, die ein stabiles Selbstwertgefühl haben, nicht für wertlos, selbst wenn sie sich für die Taten schämen.

Manchmal zeigen Menschen keinerlei Gesichtsausdruck; dieses Pokerface will Scham und Schuld unter

Kontrolle halten; es wirkt kalt. Zeigen die einen ein völlig ausdrucksloses Gesicht, das nichts preisgibt, vermögen andere sprachlos zu sein. Sie sitzen da und schweigen. Mitunter wirken sie langweilig, weil sie wohl auch selbst Langeweile verspüren. Manche Therapeuten betrachten dies als Zeichen unterdrückter Scham und als Abwehr. Ich meine, dass auch der Widerstand mancher Klienten in der Sitzung ein Hinweis dafür ist. Sie verweigern ihre Mitarbeit und halten wesentliche Informationen zurück.

Wenn peinliche Geschehnisse mit Lachen überspielt werden, liegt eine sublimierte Form der Schamabwehr vor. Rowan Atkinson und Charlie Chaplin sind Beispiele für die Kunst, peinliche Situationen mit Humor zu überspielen.

Das Gegenteil ist der Fall, wenn Menschen etwa bei Talkshows sich exhibitionistisch darstellen und Peinlichkeiten servieren; hier wird die Schamlosigkeit zur vermeintlichen Stärke hochgespielt. Markus Prinz von Anhalt, der seinen Titel gekauft hat und als Bordellchef sein Geld verdient, verrät mit seiner narzisstischen Protzigkeit genau diese Verkehrung, die die Scham verdeckt.

Wege zur Vergebung und Versöhnung

Wer immer wieder über seine eigene Schuld oder über die der anderen jammert, verändert seine Persönlichkeit. Sein ganzes Denken und Fühlen bleibt auf alte Kränkungen oder Versäumnisse ausgerichtet; er baut so regelrechte Autobahnen in seinem Gehirn, das heißt, die Gehirnregionen, die zuständig für Aggressionen und Enttäuschungen sind, wachsen. Irgendwann ist er von dieser Spur nicht mehr abzubringen. Er wird zu einem chronischen, vergangenheitsbezogenen Jammerlappen.

Vergebung bedeutet demnach: Zurückstellung einer ich-bezogenen Haltung, die ständig alte Schuld aufrechnet. So ist der Aufruf Jesu zur Vergebung nicht allein ein geistliches Verhalten, sondern auch ein geistiges und körperliches Gesundheitsprogramm. Man kann sagen: Wer sich nie gekränkt fühlt, muss auch nicht vergeben. Und wer sich gekränkt fühlt, sollte sich fragen, weshalb. Wer eine hohe Frustrationstoleranz und seelische Widerstandskraft hat, ist seltener betroffen als ein narzisstischer, ich-schwacher Mensch.

Es gibt Menschen mit einem Stand-by-Zorn; sie haben eine unterschwellige Bereitschaft zum Wutausbruch, der durch einen geringfügigen Druck ausgelöst wird. Wer zu schnell aufbraust und überreagiert, gehört zu ihnen.

Im Alltag vermisse ich bei vielen Leuten die Bereitschaft, Schuld zuzugeben oder Fehler einzugestehen; als hinge davon die Liebenswürdigkeit ihrer Person ab. Tatsächlich kann die Scham über ein lädiertes Image ein Bekenntnis verhindern. In Wahrheit gewinnt man mit einem offenen Bekenntnis, denn das Zugeben von Schuld kann beim Gegner eine Aggressionshemmung bewirken. Das ermöglicht mehr Sachlichkeit im Umgang mit dem Problem; dem anderen wird die Vergebung leichter gemacht.

Nun gibt es aber auch Typen, die in der Vorwurfshaltung verharren und zur Vergebung nicht bereit sind, weil sie die erlittene Kränkung als Waffe einsetzen möchten, wann immer es ihnen beliebt:

Opfer: »Was bist du doch für ein Vollidiot! Bringst du überhaupt mal irgendwas zustande, ohne Bockmist zu bauen? Es ist zum Ausrasten mit dir.«

Täter: »Sorry, es tut mir leid, ich entschuldige mich dafür. Da war ich nicht bei der Sache.«

Opfer: »Das bist du ja nie. Erst gestern hast du dir wieder so ein Ding geleistet … Geht es einmal ohne Ärger?«

Täter: »Wie gesagt, ich bitte um Entschuldigung. Ich fühle mich in letzter Zeit überfordert. Der ganze Stress …«

Opfer: »Das interessiert mich nicht. Du hast dich auf deine Aufgaben hier zu konzentrieren.«

Täter: »Es wäre für mich leichter, wenn du einen anderen Ton anschlagen würdest. Jeder macht mal Fehler.«

Opfer: »Oho, der Herr wünscht einen anderen Ton. Mir kommen die Tränen.«

Täter: »Die müssen dir nicht kommen; es reicht, wenn ich dein Verhalten hier zum Heulen finde. Ich habe mich entschuldigt, du aber willst nicht darauf eingehen. Und ich frage dich: warum nicht?«

Haben Sie bemerkt, dass hier die Rollen vertauscht wurden: Der Täter wurde zum Opfer und umgekehrt. Das Gespräch kann man nun endlos weiterführen; es wird deutlich, dass die beharrliche Anklage und Ironie seitens des Opfers nichts am sachlichen Ton des Täters ändern können. Im Grunde erweist sich der Täter als sehr klug; er kontert und spielt den Ball zurück; nicht jeder reagiert mit gleicher Gelassenheit auf solche Anklagen, vor allem, wenn er seine eigene Position als schwach empfindet und sie dann mit gespielter Empörung verdeckt. Zeugen dieser Auseinandersetzung werden sicherlich den Täter als den eigentlichen Gewinner betrachten und ihm Pluspunkte für sein Auftreten geben. Das spürt auch das Opfer, das in diesem Streitgespräch zum Täter mutierte.

Vergeben bedeutet nicht vergessen, sondern dem anderen den ärgerlichen Vorfall nicht mehr vorwerfen. Die Gefühle werden wohl noch länger verletzt sein; erst wenn diese geheilt sind und eine Begegnung mit dem anderen unbefangen möglich ist, kann man von Versöhnung sprechen. Der christliche Anspruch zielt immer auf die willentliche Vergebung hin, während die emotionale Befreiung Zeit braucht. So ist es legitim, zu sagen: »Vergessen wir das Ganze. Ich werde es dir nicht mehr vorwerfen, aber bleib mir vorerst aus den Augen!«

In unserer Heilenden Gemeinschaft fordern wir alle Teilnehmer auf, Briefe an die Täter zu schreiben und ihnen ihre Gefühle mitzuteilen. Sie sollen sich dabei vorstellen, dass auch ihr Adressat ein Opfer seiner Erziehung und der Umstände ist. Zum Schluss werden alle Briefe in der Eucharistiefeier auf den Altar gelegt, zusammen mit Brot und Wein; ich spreche ein Gebet mit der Bitte um Verwandlung und füge bei den Briefen hinzu:

»Herr, nimm auch unsere Verwundungen an, unsere Angst, Ohnmacht, Wut und Schuld, unsere Hoffnungen und Sehnsüchte. Schenke allen hier genannten Personen Umkehr und Verzeihung. Heile die Wunden der Vergangenheit, lenke den Blick in die Zukunft mit der Gewissheit deiner Barmherzigkeit und befähige uns alle zur Vergebung …«

Nach dem Gottesdienst werden alle Briefe im Garten verbrannt, begleitet von Gesang und Gebet.

Etwa ein Jahr später schicken uns die Teilnehmer einen Feedback-Bogen zu, auf dem sie ihre Eindrücke schildern. Dabei wird dieser Gottesdienst mit dem Ritual der Verbrennung als ein besonders eindrucksvoller Moment erwähnt. Die meisten geben an, sich versöhnt und die Last alter Schuld und Schuldzuweisungen abgelegt zu haben. Einige wenige haben es noch vor sich.

Den für uns einmaligen Prozess einer Vergebung bei einer vom Großvater jahrelang sexuell missbrauchten Frau werde ich nie vergessen. Ich gab ihr in der ersten Woche eine zertrümmerte Vase. Beim Zusammensuchen der Scherben nahm ich eine Scherbe weg. Sie sollte nun diese Teile zusammenkleben; ein Stück würde fehlen. Ich sagte ihr: »Diese Vase symbolisiert Ihren Körper bzw. Ihr Leben. Beim Zusammensetzen der Teile denken Sie an Ihren Großvater. Sie können die Vase verzieren, beschriften, bekleben. Am Ende unserer gemeinsamen Zeit bringen Sie sie in die Gruppe.« Was sie wohl machen wird, fragten wir uns. Nie hatte sie gelacht: Sie schaute nur vor sich auf den Boden, abwesend. Ich glaubte nicht an bedeutsame Fortschritte.

Doch dann geschah etwas, was uns allen die Tränen in die Augen trieb. Sie kam am letzten Tag in die Gruppe und stellte die fertige Vase in die Mitte. Sie hatte eine längliche, gerade Form; ganz unten war ein dreieckiges Loch (dort fehlte die Scherbe), verziert mit Stacheldraht. Nach oben hin waren bunte Symbole aufgemalt, auch Texte wie »Du hast mein Leben zerstört« und »Ich vergebe dir« … Aus dem efeuumrankten Rand ragte eine rote Rose. Ihre Worte lauteten: »Jetzt bin ich versöhnt. Ich kann wieder mein Leben leben.« Und sie lächelte.

Plädoyer für eine neue Form der Beichte

Die heutige Beichtpraxis ist ziemlich verkommen. Außerhalb bekannter Wallfahrtsstätten findet sie kaum noch statt. Und dort, wo die Beichte noch praktiziert wird, ist sie weitgehend unbefriedigend, weil die Mehrheit »unerlässliche« Sünden beichtet wie: »Ich war beim Beten unandächtig« – »Ich habe gestritten« – »Ich habe das Fastengebot nicht gehalten« …

Das Aufzählen von Sünden mag zwar für die Bewusstmachung der eigenen Schatten hilfreich sein, aber führt es auch zu einer Veränderung im Verhalten? Wenn jemand jahrelang seine Schuld offenbart und dennoch immer wieder dasselbe tut, stellt sich Frustration ein: Was soll die Beichte noch? Ich erzähle immer dasselbe. Und der Priester sagt mir dazu auch nichts Hilfreiches – außer der Lossprechung. Das kann ich mit Gott allein ausmachen; schließlich ist die Reue Voraussetzung für die Vergebung. Das reicht. Andere sind vom Priester unsanft angepackt und gekränkt worden; sie ziehen sich zurück.

Frustration, Scham, Resignation, Verletzung und wohl auch ein verändertes Schuldbewusstsein haben das Sakrament der Versöhnung in eine verstaubte Ecke gestellt, so verstaubt wie es die alten Beichtstühle waren. Der Umzug in helle Sprechzimmer konnte den Rückzug vieler Katholiken nicht bremsen.

Gleichzeitig ist zu beobachten, dass schuldbewusste Situationen vermehrt in den psychologischen Praxen thematisiert werden; allerdings findet weder eine Analyse der Taten noch eine Lossprechung von diesen Taten statt. Im Gegenteil: Klienten berichten mir, dass der Therapeut/Arzt die Schuld eher wegpsychologisierte im Glauben, sie sei für die Genesung hinderlich, ja sogar Ursache der psycho(somatischen) Erkrankung.

Nun stellt die Beichte keine klassische Psychotherapie dar, wenngleich Heilungen vorkommen. Es geht nicht in erster Linie um psychologische Interventionen, sondern um das schlichte Bekennen der Sünden, um Reue und um Zusage der Vergebung durch den Priester – im Auftrag Gottes (vgl. Joh 20,22). Der Sünder übernimmt die volle Verantwortung für seine Taten und wird nicht – wie in manchen psychologischen Sitzungen – davon freigesprochen, indem man die Umstände oder die Erziehung verantwortlich macht. Natürlich gibt es die skrupulösen, zwanghaften Personen, die nur Schuldgefühle, aber keine Sünden vortragen. Hier ist es wichtig, dass der Priester einige Kenntnisse über die Neurosenlehre hat, damit er solche kranken Menschen entlasten kann.

Ich kann mich nicht erinnern, dass während meiner Ausbildung zum Priester praktische Übungen in Sachen Beichte durchgeführt worden sind. Es wäre wichtig gewesen, in Rollenspielen verschiedene typische Fallbeispiele anzugehen. Minimale Kenntnisse seelischer Mechanismen und neurotischer Verhaltensweisen können sehr nützlich sein im Gespräch mit Beichtenden, die auf ein tröstendes, klärendes Wort hoffen.

Ich werde konfrontiert mit frommen Menschen, die mechanisch ihre Beichte abspulen und damit ihrer Pflicht nachkommen. Dann gibt es auch die Unfrommen, die nach vielen Jahren einmal wieder beichten und nicht wissen, was sie sagen sollen. Sie brauchen Führung. Ihnen sieht man die Erleichterung an, sobald sie den Raum verlassen. Und genau das macht die Beichte aus: Ich bin genötigt, meine Schuld zu formulieren, sie mir also bewusst zu machen und sie zu durchleiden. Dann folgt die Zusage der Vergebung und Entlastung. Es allein mit Gott auszumachen, reicht nicht.

Schließlich sind noch jene zu erwähnen, die eigentlich keine Sünden vortragen, sondern familiäre, eheliche Probleme, die als Ursachen von Streit und Lüge, Neid und Rache herhalten müssen; sie bieten Erklärungen und Entschuldigungen an, um sich so des Schuldgefühls zu entledigen. Sie werden bei der nächsten Beichte dasselbe erzählen …

Ist nicht auch Besserung angestrebt? Wie kann sie erreicht werden? Manchmal frage ich nach den Gründen für die Tat: »Warum haben Sie gelogen?« – »Weshalb haben Sie Ihren Sohn enterbt?« – »Gab es einen

Grund zum Ehebruch? Wie hoch ist die Gefahr, dass dies wieder geschieht? Was fehlt in der eigenen Ehe?« Ich weiß um die Problematik solcher Fragen. Ich weiß aber auch, wie dankbar die Leute sind, wenn ich ihnen sage, dass vor der Tat das Motiv steht. Ob einer aus Angst vor den Konsequenzen lügt oder um sich wichtig zu machen oder um jemandem zu schaden –, erst die Erkenntnis des Motivs ermöglicht eine Veränderung. Und entsprechend fällt dann die Buße aus: »Hören Sie zu und lassen Sie den anderen ausreden. Achten Sie einmal darauf, dass Sie selbst sachlich und ruhig bleiben, wenn der andere tobt. Sie können ja still ein Stoßgebet sprechen, bevor Sie loslegen. Denken Sie daran: Nur Gekränkte kränken. Je lauter einer ist, desto verletzter und angstvoller ist er.«

Wir bieten im Pallotti-Haus in Freising zweimal jährlich einen Bußgottesdienst an mit dem Angebot des handauflegenden Gebetes und der Absolution. Zu unserem Erstaunen ist die Kirche brechend voll; es kommen auch viele junge Menschen. Vor der Andacht wird eine meditative Musik eingespielt. Nach dem Eingangslied »Ich steh vor dir mit leeren Händen, Herr« folgt die Begrüßung, dann ein längeres Gebet zum Heiligen Geist (Bitte um Erleuchtung, Aufrichtigkeit und Reue) und eine Ansprache. Es schließt sich die Schuld-Litanei an; sie besteht im Aufzählen aller möglichen Sündentaten mit dem jeweiligen Ruf »Vergib mir, Herr«.

Dann folgt die handauflegende Einzelsegnung mit der Lossprechung. Hierbei kann jeder dem Priester nochmals wichtige Dinge ins Ohr sagen. Um eine diskrete Atmosphäre zu wahren, wird Musik eingespielt. Ein Dankgebet und ein Lied beenden die Feier. Man kann auch vorher ausgeteilte »Schuldscheine« unterschreiben und dem Priester übergeben. Nach der Absolution zerreißt der Priester den Schein und legt ihn in eine Schale. Darin werden am Ende der Feier alle Schuldscheine auf dem Altar verbrannt.

Die *Feedbacks* auf diese Beichtform sind enorm positiv. Hier eine häufig gemachte Bemerkung: »In dieser Feier habe ich so richtig gespürt, dass wir alle vor Gott Sünder und dennoch geliebt sind. Diese vielen Menschen um mich herum gaben mir das Gefühl: Ich bin nicht allein. Es war ganz anders, als wenn man in einer Warteschlange vor einem Beichtstuhl steht.«

Eine solche Bußandacht macht die Einzelbeichte nicht überflüssig. Ich denke aber, dass das Interesse bei Andachten dieses Formats groß ist und die Zeiten vor Ostern oder Weihnachten gern genutzt werden. Die Formen wurden im Laufe der Kirchengeschichte immer wieder geändert. Im Jakobusbrief wird das »Bekennen der Schuld untereinander« empfohlen. Selbst das Verständnis von Sünde hat sich gewandelt. Ich empfehle auch dringend, den Begriff der »Todsünde« abzuschaffen; er hat viel Verwirrung und Angst gestiftet.

TRAUER

Manchmal hilft es, über eine Sache zu weinen.
Doch irgendwann muss man aufstehen und der Welt,
aber vor allem sich selber verkünden, dass es jetzt weitergeht!

Sir G. Jones XIII.

Wann und worüber trauern wir?

In erster Linie verbinden wir die Trauer mit dem Verlust geliebter Menschen. Je jünger sie sterben, desto tiefer ist meist der Schmerz über den Verlust. Das Wissen, den Menschen nicht mehr in der Nähe zu haben, ihn zu hören und zu sehen, kann Hinterbliebene so sehr mitnehmen, dass mitunter eine Depression oder Traumatisierung eintreten kann. Dann jedoch stellt sich die Frage: Welche Lücke füllte dieser Mensch im Leben der Trauernden? Was ist da möglicherweise schiefgelaufen, dass sein Tod nun jede Lebensfreude gekappt hat? Denn es ist nicht im Sinne des Verstorbenen, dass seinetwegen das Leben der anderen nicht mehr weitergeht. Eine solche Bindung ist nicht heilsam.

Der Tod eines Tieres kann dieselben Gefühle auslösen. Mehr noch: Das Tier ist im Unterschied zum Menschen immer treu, widerspricht nicht, ist anhänglich und irgendwie auch hilflos, sodass es die sozialen Instinkte seines Besitzers weckt. Sein Verlust kann alte, kranke Menschen geradezu in einen vorgezogenen Tod schicken. Ich weiß von einem schwer erkrankten Bekannten, dass er laut ärztlicher Prognose längst tot sein müsste; doch seine beiden Hunde verlängern sein Leben. Die Liebe zu ihnen aktiviert Endorphine im Menschen; das schiebt den Tod hinaus.

Man kann über alles Mögliche trauern. Bei körperbewussten Personen stellt der Verlust der Jugend und Schönheit, der Vitalität und Ausdauer eine mittlere Katastrophe dar und sie tun alles, um das zu verhindern oder hinauszuzögern. Doch ist ein solches Leben nicht unbedingt stressfrei, es ist anstrengend und manchmal von krankhaft narzisstischer Art. Nichts gegen gesunde Ernährung und ausreichende Bewegung; doch Übertreibung aus Angst provoziert geradezu den Alterungsprozess.

Wer seine Heimat fluchtartig verlassen muss, ist gezwungen, den gesamten Besitz und die Freunde zurückzulassen. Mehr noch: die Vertrautheit. Deshalb ist es nur gerecht, wenn die wohlhabenden Länder diese Menschen aufnehmen und integrieren. Solche Traumata können ein Leben lang bestehen bleiben.

Nun muss nicht erst der Tod Trauer auslösen; vielen Eltern fällt es schwer, ihre Kinder loszulassen, weil dann die Leere des Hauses wie eine Last auf die Seele drückt. Es verbirgt sich ein bisschen Eigennutz hinter dieser Trauer. Hier lauert die Gefahr, Kinder zu sehr und zu lange an sich zu binden, um nicht einsam zu sein oder das Gefühl des Nicht-mehr-gebraucht-Seins zu erleiden.

Als die Kinder erwachsen wurden, machten sich die Eltern daran, das Nebengebäude auszubauen, damit dort die Kinder wohnen könnten, wenn sie einmal verheiratet sind. Das aber lehnten diese ab. Es kam zu

Streitigkeiten, wobei der fatale Satz fiel: »Undankbar seid ihr!« Kinder sind kein Besitz und nicht mehr verfügbar, wenn sie ihre eigenen Wege gehen. Das wollen viele Eltern nicht wahrhaben und weisen dann schuldzuweisend darauf hin: »Was ist, wenn wir mal alt werden und auf Hilfe angewiesen sind!

Bei euch liegt dann die Sorge für uns!« Das ist weder fair noch korrekt; denn die berufliche und private Situation vieler macht eine Fürsorge für die Eltern meist unmöglich.

Die Demenz schafft neue Probleme. Der Patient selbst rutscht immer tiefer in das Vergessen, sodass er nicht einmal mehr seine nächsten Verwandten oder Ehegefährten erkennt, die nun mehr leiden und trauern als er selbst. Zuzusehen, wie ein Mensch langsam stirbt und immer weniger verfügbar ist, stellt eine starke Belastung dar. Da hilft vielen der Glaube, das Gebet. Andere scheitern daran.

Dennoch kann das Abschiednehmen gelingen und das Trauern sinnvoll gestaltet werden. Religiöse Menschen haben den Vorteil, dass sie um ein höheres Wesen wissen, um einen tieferen Sinn und um die Hoffnung auf ein anderes, erlöstes Leben. Wer diesen Glauben nicht hat, fällt entweder in eine Resignation oder in einen Fatalismus: eine passive Ergebenheit in das blinde Schicksal.

Von einem Gelehrten, der sein Leben lang Vorlesungen über philosophische und theologische Themen hielt, wird erzählt, dass seine letzten Worte lauteten: *Totaliter aliter,* das heißt »Es ist alles ganz anders.« Offenbar konnte er schon einen Blick über die Grenze werfen und Dinge sehen, von denen wir nicht viel wissen.

Die Lehre vom Weiterleben nach dem Tod ist allen Völkern der Welt gemeinsam. Und alle glauben an ein besseres, schmerzfreies Dasein, an ein Paradies. Für Skeptiker mag dies eine billige Vertröstung sein. Jedoch spricht vieles dafür und wenig dagegen, zumal die Physik lehrt, dass nichts vergeht, nur verwandelt wird.

Christen wissen es aufgrund der Aussagen Jesu, aufgrund seiner Auferstehung, aufgrund vieler mystischer Erfahrungen. Diese Zusage Jesu relativiert die Trauer, verkürzt sie. Im Allgemeinen ebbt sie nach einem halben, höchstens einem Jahr ab. Das Leben geht weiter, das Lachen darf wiederkommen. Mancher bleibt im Schmerz hängen, versinkt teilweise in Selbstmitleid, teilweise in einem verklärten Bild vom Verstorbenen. Gelegentlich erlauben sich verwitwete Personen keine weitere Ehe mehr, weil sie zu sehr an den toten Partner gebunden sind oder ihm einen Gefallen zu tun glauben, wenn sie nicht mehr heiraten.

Wir hatten einen jungen Mann in der Therapie, der wegen seiner Angst vor dem Tod seiner Eltern zu uns kam. Er fürchtete Schlimmstes, wenn seine Eltern einmal nicht mehr lebten. Panikattacken und Depressionen wechselten ab. Er lebte im »Hotel Mama« und war mit seiner Mutter quasi verheiratet. Auf diese Weise unselbstständig geworden, bangte er dem Todestag entgegen.

Wir konnten ihn innerhalb von drei Wochen einigermaßen stabilisieren und Energien freisetzen, die ihn ermutigten, von zu Hause auszuziehen und sich ein soziales Netz (Freunde, Bekannte) zu schaffen. Allerdings wurde ihm eine ambulante Weiterbegleitung angeraten. Inzwischen liegt auch sein Feedback-Bogen vor: Er hat es geschafft, auszuziehen und Kontakte zu den Mitgliedern einer Musikband zu knüpfen …

Trauernde sollten darauf achten, dass sie nicht in Wehleidigkeit verfallen und sich gänzlich zurückziehen. Damit tun sie dem Verstorbenen keinen Gefallen. Ehepartner tun gut daran, rechtzeitig für den Tag des Abschieds vorzubeugen, indem sie Hobbys pflegen, gemeinsame Bekannte und Freunde haben und eigenständige Bereiche aufbauen.

Der Verstorbene will losgelassen werden, damit er frei ist. Und er wird dankbar sein, wenn die anderen ihn in der Obhut Gottes wissen. Nichts ist verloren. Man wird sich wiedersehen.

Phasen der Trauer

Menschen gehen mit ihrer Trauer unterschiedlich um. Während die einen offenbar sehr schnell einen Verlust wegstecken können und zum Alltag übergehen, als sei nichts geschehen, benötigen andere eine lange Zeit, die erfahrungsgemäß in mehreren Phasen verläuft.

Es wäre fatal, aus der unterschiedlichen Verhaltensweise auf die Intensität einer Trauer bzw. auf die Tiefe einer verlorenen Liebe zu schließen. Wer rasch wieder aktiv wird, muss nicht weniger Verbundenheit mit dem Verstorbenen gehabt haben wie der, der ein Jahr lang braucht. Abgesehen von jenen Fällen, die sogar Erleichterung empfinden nach dem Tod eines Partners oder Elternteils, besteht bei den Verdrängern der Trauer die Gefahr einer psychosomatischen Erkrankung.

Man kann in den Alltag fliehen und in der Geschäftigkeit zunächst die trübsinnigen Gefühle übertünchen; irgendwann aber kommen sie hoch und fordern ihren Tribut: »Ich, die Trauer, will akzeptiert und gelebt werden, damit ich in Frieden wieder gehen kann. Wer mich nicht wahrhaben will, muss mit Unruhe rechnen. Ich nutze die Sprache der Organe und bereite Kopfschmerzen (es geht mir nicht aus dem Kopf), Verstopfung (ich muss loslassen), Hautausschläge (es geht mir unter die Haut), Verspannungen (es zieht sich alles zusammen) oder Herzprobleme (es gibt mir einen Stich ins Herz) u. a. Oder ich melde meinen Unmut über meine Verdrängung in Form von Zerfahrenheit, Vergesslichkeit und anderen Fehlleistungen. Nimm mich ernst, gewähre mir Zeit und ich lasse dich in Ruhe.«

Die klassische Trauerarbeit ist ein Prozess von sechs bis zwölf Monaten, bisweilen dauert er auch etwas länger. Dann aber sollte er abgeschlossen sein. Die Phasen sind unterschiedlich lang und lassen sich von der Symptomatik her folgendermaßen einteilen:

Schockphase

Eine Todesnachricht schockiert zunächst einmal die Betroffenen, vor allem dann, wenn nicht damit gerechnet wurde. Nach dem Tod alter, kranker Menschen folgt eher Erleichterung über die Erlösung vom Leid. Die tragischsten Erfahrungen machen die Angehörigen von jungen Unfall- und Mordopfern und von Personen, die durch Suizid aus dem Leben scheiden, ebenso Eltern, deren Kind an einer unheilbaren Erkrankung stirbt.

Bei Suiziden stellen sich die Angehörigen natürlich die Frage, ob sie mit daran schuld sind. Und warum sie mögliche Anzeichen nicht erkannt haben: häufiges Reden vom Tod, Fragen nach dem, was danach kommt, zunehmende Isolation … Tatsächlich haben die Verwandten keine Schuld; sie sind nicht verantwortlich für die Entscheidung des anderen. So führen alle »Hätten wir doch …« und »Warum hat er/ sie uns das angetan?« nicht weiter. Wir dürfen darauf vertrauen, dass die Seele ihren Frieden hat. Gott sei Dank ist die Kirche weggerückt von ihrer Weigerung, diese Menschen kirchlich zu beerdigen. Gott allein weiß um die Not der Seele.

Im Schock wird der Verlust geleugnet; man ist starr vor Entsetzen, kaum ansprechbar. Die Umwelt wird kaum wahrgenommen; alles läuft irgendwie ab wie in einem schlechten Traum. Starke Beruhigungsmittel werden genommen; andere müssen sich immer wieder ihre Seele freireden, um sich etwas Erleichterung zu verschaffen. Da hilft nur noch die Unterstützung von Angehörigen und engen Freunden. Aber was will man da schon sagen?

Als nach junger Ehe die Frau eines meiner besten Freunde mit dem Auto verunglückte und er mich anrief, wusste ich nichts zu sagen. Ich war so geschockt, dass es mir die Kehle zuschnürte. Und auch danach, bei meinem Besuch und Spaziergang mit ihm, gingen wir eher schweigend durch den Wald. Es gibt Situationen, die durch kein Wort besser werden. Ich denke auch, dass sich manche Bekannte nach der Beerdigung bei der trauernden Person rarmachen, weil sie in ihrer Hilflosigkeit nicht wissen, was sie sagen sollen.

Wohl dem, der stark im Glauben steht. Mein Freund ist so ein Starker; er konnte den Verlust nur auffangen mit seiner Beziehung zu Gott und sicher auch durch den Rückhalt seiner Familie.

Emotionsphase

Jetzt brechen verschiedene, sich widersprechende Gefühle auf: Schmerz über den Verlust, Angst vor der Zukunft, Wut über Gott oder über die verstorbene Person, weil sie einfach so ging, Wut über die Ärzte, Schuldgefühle wegen nicht geklärter Dinge oder zuletzt noch gezeigter Aggressionen, Unruhe.

Ganz anders verläuft es bei Personen, die sich lange auf den Tod eines Verwandten einstellen konnten. Wenn die letzten Dinge geklärt, das Testament angefertigt und in Gesprächen (und Gebeten) das Loslassen eingeübt werden konnte, stellt sich recht bald innerer Frieden ein. Das Gefühl, alles getan zu haben, beruhigt. Für Christen sind die Sakramente der Krankensalbung und der Eucharistie wesentliche Elemente des Abschiednehmens. Leider werden wir Priester nur noch selten gerufen und wenn, dann zu spät.

Das Gestatten auch aggressiver Gefühle gegen den Verstorbenen ist heilsam. »Ich bin so wütend auf ihn. Warum hat er uns das angetan? Wollte er mich bestrafen?«, sagte die Witwe eines Mannes, der sich das Leben nahm (genau genommen: es verweigerte) und keinen Brief hinterließ. Die fehlende Erklärung machte sie zornig. Ungewissheit ist schlimmer als eine schlimme Gewissheit. Und kaum hatte sie ihren Unmut geäußert, verspürte sie auch schon deshalb Schuldgefühle.

In diesem Chaos der Emotionen ist es wichtig, dass man nicht allein bleibt. Verwandte und Freunde sollten die Gefühle nicht verbieten, sondern als Teil der Trauer verstehen.

Stille Anwesenheit ist oftmals hilfreicher als Appelle an die Vernunft. Denn eine Verdrängung der Gefühle kann zur Depression führen; manchmal beobachten wir auch ein langsam beginnendes Suchtverhalten (Alkohol, Tabletten) gerade bei jenen, die sich »zusammenreißen« und unter Kontrolle halten wollen.

Regressionsphase

Trauernde Menschen wollen die verlorene Person noch irgendwie bei sich haben: Sie bauen ein Altärchen, stellen Bilder und persönliche Gegenstände auf, hören vielleicht immer wieder ihre Lieblingsmusik oder räumen ihren Kleiderschrank nicht aus. Ich kannte eine alte Dame, die täglich noch den Tisch für ihren verstorbenen Mann deckte. Es kam mir bisweilen skurril vor, ähnlich dem TV-Lieblingsfilm der Deutschen: *Dinner for One*. Diesen Rückfall in die Vergangenheit nennt man Regression.

Dabei wird die Vergangenheit auch gern idealisiert und alles Unschöne ausgeblendet. Es ist ja bekannt, dass wir mit zunehmenden Alter unsere Erinnerungen schönen nach dem Motto: Früher war alles anders. Aber wir wissen auch, dass es nicht stimmt.

Eine wirkliche Loslösung vom Verstorbenen findet hier nicht statt, besonders dann, wenn eine zweite Ehe ausgeschlossen wird, um den toten Partner nicht zu kränken.

»Wie der Tote ruht, ruhe auch die Erinnerung an ihn, tröste dich, wenn sein Leben erloschen ist« (Sir 38,23). Loslassen ist für viele Menschen ein Problem, egal, ob es um das Loslassen von Besitz, Ämtern, jugendlicher Frische oder von Toten geht. Ich habe es auch üben müssen; wenn man dreizehnmal umzieht und schließlich eine hundert Quadratmeter große Wohnung mit einem kleinen Zimmer im Noviziat tauscht, dann lernt man, wesentlich zu werden. Das Verabschieden von geliebten Menschen ist allerdings noch einmal etwas anderes.

Eine Frau beschuldigte sich der Undankbarkeit, weil sie ihren toten Bruder nicht genügend ehrte und ihm nicht nahe genug zu sein schien. Sie empfand das fast als Verrat an ihm, zugleich war es auch für sie stressig, ständig ihren Bruder gedanklich zu vergegenwärtigen. Sie erlaubte sich keine Freude mehr und tappte in die Falle der Hassliebe gegen sich selbst.

Die Regressionsphase kann dann enden, wenn es gelingt, die verstorbene Person innerlich zu tragen und als Begleitperson sozusagen bei sich zu fühlen, aber nicht Sklave der Toten zu werden. Wenn die Erinnerung in Liebe und Dankbarkeit stattfindet, ist das die beste Voraussetzung für die letzte Phase:

Akzeptanzphase

Es ist erstaunlich, wie vielen Menschen der Sprung von der Emotionsphase in die Akzeptanz gelingt; sie haben keine Regressionsphase. Da hängt auch von den Umständen des Todes, vom Alter, von der seelischen Widerstandskraft und von der Sinndeutung des Lebens und Sterbens ab.

Die Rückkehr ins Leben gelingt mit der Annahme des Unweigerlichen. Jetzt erwacht die Lebensfreude; verwitwete Partner suchen wieder eine neue Beziehung, elternlose Kinder ihren eigenen Weg, kinderlos gewordene Eltern neue Aufgaben.

Mitunter wird der Tod des anderen als Befreiungsschlag empfunden, der nun endlich den Weg eröffnet für neue, bis dahin nicht realisierbare Möglichkeiten: eine Weltreise, mehr soziale Kontakte, Hobbys und was sonst noch in der Partnerschaft nicht gelebt werden konnte oder durfte. Nicht selten stolpert der zurückgelassene Partner zu schnell und ohne erkennbare Trauerphase in die neuen Aktivitäten, sodass man den Eindruck einer heftig verdrängten Trauer oder eines fragwürdigen Nachholbedarfs hat.

Trauerrituale, Gebete und die Gewissheit eines Wiedersehens runden den Abschied ab und geben dem Leben und Sterben eine hoffnungsvolle Perspektive.

Traumatische Trauer

Frau N. kommt vom Einkauf zurück und will ihr Fahrrad in den Keller stellen. Da sieht sie plötzlich eine Leiche; es ist ihr Mann, der sich erhängt hat.

Herr K., dreißig Jahre alt, das einzige Kind einer alleinstehenden Mutter und noch bei ihr wohnend, erfährt durch die Polizei, dass seine Mutter tödlich verunglückte.

Und ein junger Asylant aus Syrien musste zusehen, wie man seine Familie erschoss und seine Schwester verschleppte.

Ein Kind ist seit Tagen verschwunden und wird tot aufgefunden.

Solche Erlebnisse hinterlassen einen Schock; die Bilder gehen nicht mehr aus dem Kopf; endlose Grübeleien beginnen, man will die Informationslücken ausfüllen und Klarheit schaffen. Es gelingt nicht. Und mit einem Schlag verändert sich das ganze Leben. Bei manchen Personen kann diese Erfahrung eine posttraumatische Belastungsstörung (PTBS) hinterlassen; sind Schuldgefühle mit dem Tod der Menschen verbunden, wird das Trauma doppelt schwer sein.

Manchmal vermögen die Betreffenden es, die schrecklichen Erlebnisse ohne große Folgeschäden zu überwinden, indem sie ausreichende Selbstheilungskräfte mobilisieren. Das setzt eine starke seelische

Widerstandskraft voraus; auch der christliche Glaube kann hier eine Stütze sein, wenn er denn nicht zusammenbricht angesichts der Frage nach dem guten Gott.

Traumatisierte Personen neigen dazu, jene Orte, in denen der Tod stattfand, zu meiden oder besonders häufig aufzusuchen. Sie wollen nicht allein sein; erleiden immer wieder sogenannte *Flashbacks:* die unangenehmen Gefühle, Bilder und Schmerzen kommen immer wieder. Albträume sind die Regel.

Manchmal können Todesfälle durch Suizid, AIDS oder Abtreibung die Trauer erschweren, wenn diese aus religiösen Gründen tabuisiert sind. Hier sind großes Feingefühl und Empathie seitens des Pfarrers und der Freunde nötig.

In gravierenden Fällen kann eigentlich nur der Trauma-Therapeut helfen; in den meisten Städten gibt es Selbsthilfegruppen und Trauerbegleitung, die ich dringend empfehle. Allein der Kontakt mit Menschen hilft schon, die Einsamkeit aufzufangen und den sozialen Kontakt nicht völlig aufzugeben. Ein Rückzug aus der Gesellschaft wäre fatal, da er die Trauer und die Gefühlstaubheit festigen würde.

Immer wieder quält der Gedanke: »Hätte ich doch anders gehandelt …« oder »Das wäre nicht passiert, wenn …« Das Loslassen vermeintlicher Versäumnisse und Selbstvorwürfe, auch der Gedanke, dass Verstorbene solches Grübeln und An-sich-Binden ihrer Hinterbliebenen keineswegs wünschen, können helfen, den Blick für das eigene Leben wieder freizubekommen.

Neben der Gefühlslähmung und Vermeidung sozialer Kontakte sind aggressive Ausbrüche weitere Symptome einer traumatischen Trauer. Der Zorn kann sich gegen den Toten richten, gegen den Arzt oder die Polizei, gegen die Rettungsmannschaft, gegen Verwandte oder gegen sich selbst. Oder gegen Gott. Es ist ein verzweifeltes Aufbäumen gegen das Unvermeidliche: Zukunftspläne fallen zusammen, vielleicht ist nun die finanzielle Versorgung gefährdet oder die plötzliche Einsamkeit wird zum Desaster. Hier besteht die Gefahr einer Suchterkrankung; der Griff zu Tabletten oder Alkohol soll hinwegtrösten und die innere Leere füllen. Selten gibt es die Fälle, wo ein verwitweter Partner alle Moral über Bord wirft und in Bordellen oder Saufgelagen seinen Schmerz zu betäuben versucht.

Jetzt sind Freunde und Bekannte gefordert, dem Trauernden beizustehen und ihn keineswegs alleinzulassen. Besuche, gemeinsame Unternehmungen und Ortswechsel können helfen. Manche verändern nun die Wohnung, bauen um, tapezieren neu oder ziehen um. Das Verabschieden ist von doppelter Natur: vom Toten, der aber in guter Erinnerung bleiben darf, und von Orten, die belastend sind. So hat die Familie des Amokläufers in Winnenden den Wohnort gewechselt, vor allem auch wegen des psychischen Drucks: Verurteilung des Vaters wegen nicht gesicherter Aufbewahrung der Waffen, Schuldvorwürfe von vielen Seiten, Befangenheit der Mitbürger, Wut der Eltern der Opfer. Kurzum: ein aus der Bahn geworfenes Leben mit einem enormen Imageschaden.

Mein Rat: Wenn sich die Trauer in erheblichen psychosomatischen Symptomen niederschlägt oder länger als ein Jahr unvermindert anhält, ist Therapie angesagt. Neben der ärztlich-psychologischen Einzelbegleitung kann eine Selbsthilfegruppe gute Dienste tun. Auf keinen Fall sollten bisherige soziale Kontakte aufgegeben werden.

Schuld und Wut binden an die Verstorbenen

Wer immer um Versöhnung bemüht ist und die Querelen des Alltags möglichst bald aus der Welt schaffen will, handelt klug und ganz im Sinne der christlichen Botschaft. Ich erlebe als Priester und Therapeut hautnah die belastenden Folgen ungelöster Konflikte und konservierter Familienkriege, die mit dem Tod eines der Betroffenen keineswegs vom Tisch sind. Im Gegenteil: Jetzt, wo es keine Möglichkeit zur Klärung der Dinge und zur Versöhnung mehr gibt, bleibt der Trauernde hilflos an den Toten gebunden.

Quälende Selbstvorwürfe oder wütende Anklagen durchziehen nun das Leben, zerstören die Lebensfreude und können auch nachfolgende Generationen belasten. Ich habe schon im ersten Kapitel über die systemischen Verstrickungen gesprochen, die wir Therapeuten bei manchen Teilnehmern unserer Heilenden Gemeinschaft feststellen. Unversöhnlichkeit bzw. unvergebene Schuld überträgt sich nicht selten auf die zweite oder dritte Generation.

Dann empfindet der Sohn oder ein Enkel unerklärliche Gefühle von Ausgrenzung oder Lebensmüdigkeit oder das Verhältnis zu Familienmitgliedern ist gestört, ohne dass die Gründe bewusst sind. Es scheint, als ob der Verstorbene seine seelische Last auf Hinterbliebene übertragen würde, um sich zu befreien oder um eine nachträgliche Klärung und Befriedung zu erreichen.

Wut, Trauer und Schuld haben immer mit Beziehungen zu tun. Sie binden an die jeweils beteiligten Personen. Alle Versuche, diese unangenehmen Empfindungen zu verdrängen, misslingen.

Herr L. fiel uns auf wegen seiner aggressiven Reaktionen: Er befand sich immer in Abwehrposition, griff jeden an, der etwas sagte, was ihm nicht passte und zog sich den Unmut der Gruppe zu. Während der gesamten drei Wochen zeigte er keine Spur von Trauer, was uns verwunderte, da es in seiner Familie kurz vor der Therapie drei Todesfälle gegeben hatte. Zugleich gab er seine Angst zu, einsam zu bleiben und keinen Zugang zu seinen Gefühlen zu bekommen. Er war regelrecht gepanzert, was sich auch in seinen körperlichen Verspannungen niederschlug. Ich stellte ihn außerhalb der Gruppe und bat die anderen, zu ihm zu gehen und ihm schweigend die Wolldecke umzuhängen. Sie sollten ihn nonverbal trösten und dann langsam zu seinem Platz begleiten. Und endlich trat ein, was ich erhoffte: Er weinte.

Die Verspannungen lösten sich, unterstützt von Massagen; seine Stimme klang wärmer und der »Krieg« gegen die Gruppe war Geschichte. Wir erkannten, dass er stellvertretend für einen Verstorbenen seiner Familie Wut gegenüber seinem Großvater fühlte, der in einer familiären Auseinandersetzung unrechtmäßige Reaktionen gezeigt hatte.

Bauch- und Rückenschmerzen sind übrigens typische Begleitsymptome einer solchen verdrängten Trauer, vor allem bei Männern, während bei den Frauen eher Herz und Hals (mit der Stimme) betroffen sind.

Wut, Trauer und Schuld müssen akzeptiert und ausgesprochen werden, andernfalls stören sie organische Funktionen, soziale Beziehungen und das gesamte Gleichgewicht des Lebens. Hier den Helden zu spielen durch »Beherrschung« der Gefühle, ist fehl am Platz. Auch der Indianer kennt Schmerz und befreit sich von ihm mithilfe von Ritualen, Tänzen und Anrufung des großen Gottes.

»Mein Mann hat sich das Leben genommen; ich fühle mich so schuldig. Wir hatten am Vorabend eine kleine Auseinandersetzung gehabt; es war nichts Schlimmes und dennoch mache ich mir jetzt Vorwürfe. Er war depressiv; vielleicht war ich zu hart zu ihm, aber ich war auch total überfordert. Was soll ich machen, Herr Pater? Ich bete schon so viel …«

Wer kennt nicht solche Worte? Ich rate jedem, der in dieser Falle steckt, seine Erinnerungen an den Toten nicht allein auf missglückte Situationen zu reduzieren. Und ganz gewiss trägt er keine Schuld am Tod des Partners. Und selbst, wenn es so aussieht, als wäre der Suizid eine Art Bestrafung für den Partner, wäre es sinnlos, ihn so zu deuten. Die Verantwortung trägt jeder für sich selbst. So ist auch die Bemerkung »Du bist schuld, wenn es mir schlecht geht« nichts als eine billige Schuldzuweisung, die erpresserisch eingesetzt wird, um den anderen gefügig zu machen. Der andere trägt keine Schuld, wenn es mir schlecht geht, es sei denn, er hat mir körperliche Schmerzen zugefügt. Es liegt an mir, wie ich auf das Verhalten anderer reagiere.

Es gibt auch jene Personen, die sich durch Schuldvorwürfe gegen sich selbst ihre Identität sichern wollen. Wenn ein Trauma sehr schwerwiegend ist, vermag manchmal die ständige Beschäftigung mit der eigenen möglichen Schuld eine Überlebensstrategie zu sein. Damit gleichen sie die Ohnmacht aus; das klingt sehr seltsam und für den Laien wenig vernünftig. Aber Vernunft spielt in diesen Fällen keine Rolle. Es gibt nun einmal Menschen, die das Leben einseitig in der Täter-Opfer-Rollenzuteilung wahrnehmen; sie sehen es vornehmlich unter Schuldaspekten, wobei sie die Wahl haben zwischen Selbstvorwürfen und Schuldzuweisungen. Bei frommen Personen kommt es vor, dass sie Todesfälle je nach Umständen auch als Strafe Gottes deuten.

Schuld bindet. Und wer sich selbst die Schuld am Tod des anderen gibt, sichert sich so die Nähe zu ihm, vor allem, wenn Fürsorge und Liebe zu Lebzeiten intensiv waren.

Damit das Leben aber wieder lebenswert wird, darf es bei dieser negativen Haltung nicht bleiben. Es ist wichtig, sich an all die gelungenen Situationen zu erinnern; dabei können Fotos oder Gegenstände helfen, die damit in Verbindung gebracht werden. Die Vergegenwärtigung schöner Erinnerungen hilft, die Trauer und Schuldgefühle zu überwinden.

Während Schuldempfinden eine lange Zeit anhalten kann, erlischt der Zorn auf den Verstorbenen sehr bald. Manchmal wird aber ein echtes Schuldgefühl – auch die Trauer – von Zorn überlagert oder durch ihn ersetzt.

Herr D. hat als Jugendlicher einmal im Streit seine Mutter geschlagen. Er hat mit mir darüber nie gesprochen, aber ich wusste es. Hingegen empört er sich immer wieder – und das schon seit Jahrzehnten – über seine angeblich lieblose Erziehung und wirft seinen Eltern alle möglichen Fehler vor. Meine Bemerkung, auch die guten Seiten zu betrachten, schiebt er mit einer Handbewegung fort. Ich kannte seine Eltern sehr gut und kann die Kritik nicht nachvollziehen. Sein Leben war gekennzeichnet von Unruhe, Weltreisen, vielen abgebrochenen Tätigkeiten und der Einsicht, versagt zu haben. Er lastet dies den Eltern an. Schuldeinsicht seinerseits zeigt er nicht. Aber seine Trauer wird von Wut überlagert und die Wut zerschlägt seine Schuldgefühle. Diese Wut ist noch das einzige Gefühl, das ihn lebendig hält. Und darum pflegt er sie. Doch Frieden findet er nicht.

Wenn Verstorbene im Traum erscheinen

In meinen Seminaren zur Traumdeutung berichten Teilnehmer immer wieder von der Erscheinung Verstorbener. Sie wissen dies nicht recht einzuordnen und wollen wissen, ob es nur Entwürfe des Unterbewusstseins sind oder die reale Gegenwart Verstorbener. Das Institut für Demoskopie in Allensbach befragte vor Jahren einmal zweitausend Personen aller Altersgruppen zu Traumthemen. Dabei stellte sich heraus, dass ältere Menschen öfter von Verstorbenen träumen als junge. Das ist eigentlich logisch, da sie ja im Laufe ihres Lebens mehr Tote zu beklagen haben. Dabei zeigt sich bei manchen sehr wohl ein Qualitätsunterschied zwischen dem normalen, leicht verschwommenen Traumbild und dem sehr plastischen, klaren Erscheinungsbild. Letzteres ist für sie ein Beweis, dass der Tote sich real zeigt, um eine Botschaft zu hinterlassen oder um Hilfe zu bitten. Meist taucht er auf und schweigt, bleibt kurz und verschwindet wieder. Es sind in der Regel Mitglieder der eigenen Familie, gelegentlich auch Bekannte und Freunde.

Nun spiegeln Träume Ereignisse wider, die uns beschäftigen und nachwirken bis in den Schlaf hinein. Es ist daher nicht verwunderlich, wenn nach dem Verlust eines geliebten Menschen derselbe im Traum auftaucht. Das kann auf verschiedene Weise geschehen:

Man träumt von gemeinsamen Unternehmungen, tut Dinge, die man immer gern tat, und wiederholt Ereignisse, die gute Gefühle auslösten. Beide durchleben noch einmal die schöne Zeit auf Erden. Nach dem Aufwachen kann sich die Trauer verstärken bzw. reaktivieren. Diese Art des Träumens ist psychologisch zu erklären: Sehnsucht oder Schuldgefühle mobilisieren Erinnerungen und lassen sie noch einmal Revue passieren.

Oftmals erscheint der Verstorbene im Traum ganz kurz und scheint schweigend mitteilen zu wollen, dass es ihm gut geht und man sich keine Sorgen zu machen braucht. Diese kurze Präsentation geschieht nur einmal.

Schließlich gibt es die sehr intensive und fast greifbare Erscheinung, die eine Mitteilung zu verkünden hat. Das kann die Bitte um Gebet sein oder die Bitte um Klärung eines ungelösten Problems (Streitfall, Erbschaft, Schuld …). Manchmal weist die Seele auch auf die Erfüllung lang gehegter Wünsche hin, ermutigt und tröstet. Hier handelt es sich nicht einfach um Wunschprojektionen des Unterbewusstseins, sondern um einen spirituellen Traum mit der realen Seele, die in den Kleidern des Alltags erscheint, damit sie erkannt wird. Der Betreffende erscheint öfter und wiederholt sein Anliegen.

So berichtete mir eine sehr bodenständige Frau, Mutter von zwei Kindern und Ehefrau eines Juristen, dass sich bei ihr öfter eine Frau meldete die sie nicht kannte und die um sieben heilige Messen bat. Niemand glaubte der Frau und so konnte dem Wunsch der Toten nicht entsprochen werden. Ich übernahm die Angelegenheit, schließlich ist Beten nicht falsch. Nach geraumer Zeit rief die Hausfrau wieder an und teilte mit, dass die Verstorbene noch um die letzte, siebte Messe bat. Ich war fest der Meinung, alle sieben heilige Messen im Zeitraum eines Monats gehalten zu haben. Als ich dann im Intentionsbuch, in dem die Termine eingeschrieben werden, nachschaute, stellte ich meinen Irrtum fest. Also feierte ich diese letzte Messe anderntags, ohne aber die Hausfrau über den Termin zu informieren. Kurz darauf teilte sie mir mit, dass die Verstorbene sich bedankt habe. Sie erschien nie mehr.

Die Zahl sieben steht für Fülle und Vollendung. Es bleiben Fragen offen: Warum reicht nicht *eine* heilige Messe? Wieso wird hier eine Hausfrau aufgesucht, die die Verstorbene nicht kannte?

Es wurde festgestellt, dass Personen, die gewaltsam starben, häufiger in Träumen erscheinen als jene, die einen längeren Sterbeprozess hatten. Vermutlich liegt das daran, dass der vorzeitige, plötzliche Tod ungelöste Probleme hinterlässt, während der langsam Dahinsiechende geistig vorbereitet ist und sich versöhnt oder loslassend verabschieden kann. Die Reise ins Jenseits geht dann leichter vonstatten. Wir erkennen einmal mehr, wie wichtig ein versöhntes Leben ist, wie nützlich die Vorbereitung auf den Tod sein kann und wie segensreich das Sakrament der Krankensalbung ist.

Eine Frau erzählt, sie habe im Traum ihren Mann gesehen, den sie stets abgöttisch geliebt hatte. Er war für sie der Inbegriff von Attraktivität und Männlichkeit. Und wenn Bekannte ihr gegenüber mögliche negative Seiten ihres Mannes erwähnten, schob sie das weg, überhörte und verdrängte es. Nun taucht er im Traum auf und wird plötzlich zu einer fauchenden Raubkatze. Sie ist völlig verunsichert und befürchtet, dies könnte ein Hinweis sein, dass er »in der Hölle« sei.

Wir haben es hier mit einem kompensatorischen Traum zu tun. Die Ehefrau, die ihren Mann einseitig positiv sah und alle Schattenseiten ausblendete, wird im Traum mit eben dieser verdrängten Seite des Mannes konfrontiert. Der Traum ergänzt das Fehlende. Er sagt nichts aus über Himmel oder Hölle. Er ist kein spiritueller, sondern ein psychologischer Traum.

Der Traum vom eigenen Tod (man sieht seine Beerdigung oder einen Sarg) ist keineswegs ein Hinweis auf den bald bevorstehenden Tod, sondern ein Fingerzeig auf mögliche Veränderungen im Leben: Es gilt, etwas Liebgewordenes loszulassen – vielleicht einen Plan, einen Job, das Haus, ein Amt … Im Traum bekommen Tiere und Objekte einen symbolischen Wert. Die oben erwähnte Raubkatze steht für Kraft, Aggressivität, Erotik, Impulsivität.

Träume bieten eine Mischung von vergangenen und gegenwärtigen Geschehnissen; sie sind geprägt von Angst – oder von Wunschdenken; sie verbinden religiöse, sexuelle, soziale und emotionale Elemente. Die Bedeutung erschließt sich meist nur über den Weg der Symbole und archetypischen Bilder.

Rituale des Abschieds

Der Mensch braucht Rituale. Es sind stille oder feierliche Handlungen mit Symbolgehalt, wobei Formeln und Gesten eine wichtige Rolle spielen; dabei bedient man sich auch entsprechender Kleidung oder bestimmter Objekte (Kerzen, Blumen, Tücher, Bilder …).

Sie sind kulturell, religiös und politisch verschieden, festigen die jeweilige Gruppe und geben ihr Orientierung. Außerdem – und das scheint mir das Eigentliche zu sein – haben sie eine heilende Wirkung.

Wenn die Mutter auf den schmerzenden Finger ihres Kindes bläst, nutzt sie ein altes, simples Ritual mit enormer Wirkkraft. Und wie viel Aufregung hat schon das christliche Kreuz verursacht, sei es als heilendes Zeichen, sei es als Zeichen des Ärgernisses.

Die meisten Naturvölker kennen den Initiationsritus, jenes Zeremoniell, das Jugendliche in die Welt des Erwachsenen versetzt. Es sind Prüfungen, Mut- und Schmerzproben vor den Augen des Stammes. Im kirchlichen Rahmen stellt die Firmung eine religiöse Initiation dar; in der DDR waren es die sehr beliebten Jugendweihen. Heute wollen viele junge Menschen ihren Mut und ihre Zugehörigkeit zur Welt der Erwachsenen beweisen, indem sie auf dem Dach einer U-Bahn surfen, bewusst gegen die Einbahnstraße fahren, Trinkgelage abhalten, Wettrennen durchführen usw. Sie suchen die Anerkennung durch die Gruppe und erzwingen somit die endgültige Verabschiedung von der Kindheit bzw. Jugend. Diese Vorgänge beweisen, dass wir dringend neue Rituale brauchen.

Selbst Kinder schaffen sich ihr eigenes Einschlafritual: Dazu gehört ein bestimmtes Kissen, der Teddybär oder die Puppe, und eventuell noch eine Gutenachtgeschichte.

Gerade bei einschneidenden Ereignissen wie der endgültigen Verabschiedung oder Ehrung eines Toten helfen uns die Rituale bei der Trauerbewältigung. In unserer modernen Gesellschaft verschwinden viele Bräuche: Das Aufbahren des Verstorbenen im Haus und der letzte Gang von dort zum Friedhof ist längst Vergangenheit; ja selbst das Absenken des Sarges bei Beerdigungen wird vielfach vermieden, um den Schmerz des Unabänderlichen nicht noch größer zu machen.

Obwohl auch immer mehr Leute aus der Kirche austreten, wollen sie doch nicht auf deren Rituale verzichten; die Renner bleiben Hochzeit und Beerdigung. Selbst dem ärmsten Schlucker und dem einsamsten Toten gewährt der Staat eine würdige, wenngleich auch sehr einfache Beerdigung. Diese letzte Ehre ist Ausdruck von Solidarität und Achtung der menschlichen Würde.

Der Abschied vom geliebten Menschen beginnt eigentlich bereits im Stadium seiner tödlichen

Krankheit. Leider scheuen sich immer mehr Angehörige, den Priester zu rufen, damit er die Krankensalbung spenden kann. Manche meinen, dass dieses Sakrament als »Letzte Ölung« den Tod nun endgültig herbeiführen würde. So wird die Angst eher verdrängt, das Reden vom Sterben vermieden, die letzten Angelegenheiten verzögert, mögliche Klärungen und Versöhnungen außer Acht gelassen. Beim plötzlichen, unerwarteten Tod liegen die Dinge anders. Da ist der Schock so groß, dass die Angehörigen froh darüber sind, wenn sich nun das Bestattungsunternehmen um alle Formalitäten kümmert.

Das eigentliche Ritual beginnt in der Aussegnungshalle. Eine würdevolle Aufbahrung, musikalische Untermalung und ein respektvolles Gedenken an den Toten (Rede, Abspielen seines Lieblingsliedes …) sind die Elemente. Die Anwesenheit von Freunden und Bekannten stützt die Trauernden, gibt ihnen Halt. Dieser Feier geht bei katholischen Christen ein Gottesdienst voraus mit Gebeten und Texten, woran sich die Familie des Toten aktiv beteiligen kann.

Die Glocken läuten, ein hörbares Zeichen auch für die gesamte Umgebung. Manche Familien verteilen sogenannte Totenbildchen mit dem Bild des Verstorbenen und seinen Lebensdaten. Ein Kondolenzbuch liegt bereit. Der letzte Gang zum Grab ist der schwerste, weil sich nun der endgültige Abschied ankündigt. Manchmal berühren die Angehörigen noch einmal den Sarg, bevor er versenkt wird. Blumen, Erde und Weihwasser fallen auf den Sarg; es folgen letzte Gebete und die Empfehlung in die Obhut Gottes.

Bei der Feuerbestattung, die wohl aus Gründen der Hygiene und aus Platzgründen künftig immer mehr gewählt wird, findet die eigentliche Abschiedszeremonie vor der Verbrennung statt. Danach wird der Sarg zum Krematorium gefahren; die Urne mit der Asche wird dann später zu Grabe getragen. Während man sich die verstorbene Person im Sarg noch vergegenwärtigt, ist dies bei der Urne weniger der Fall. Das Herablassen der Urne bzw. Hineinschieben in die Urnenwand wird nicht mehr als so schmerzlich empfunden. Wenn dann die Asche auch noch im Meer oder auf einem Waldstück entsorgt wird, gibt es keinen dauerhaften Ort mehr, an dem die Hinterbliebenen trauern können. So bleibt der Verstorbene nur im Gedächtnis. Der tiefste Schmerz, der beim Hinablassen des Sarges empfunden wird, wird so umgangen.

Zum Ritual der Totenehrung gehört der »Leichenschmaus«: Die Gäste begeben sich in ein Restaurant, um gemeinsam Mahl zu halten; dabei darf es – auch im Interesse des Verstorbenen – fröhlich zugehen. Schließlich bedeutet der Tod nicht das Ende, sondern der Beginn eines neuen Lebens. Der Glaube an die Auferstehung, an das Paradies, ist zentraler Inhalt der christlichen Lehre. Mit der Gewissheit, dass unsere Lieben in einem besseren Zustand leben und ein

Wiedersehen folgen wird, lässt sich die Trauer mindern.

Doch mit dem Tag der Beerdigung ist nicht alles vorbei. Es folgen weitere Gedenktage im Gottesdienst nach sechs Wochen, nach einem Jahr und alle Jahre wieder. Es ist auffallend, wie stark unsere Friedhöfe am Allerheiligen-Fest besucht sind. Die Menschen kommen teilweise von weit her, um das Grab ihrer Angehörigen aufzusuchen. Das Gedenken an die Toten ist im Volk tief verwurzelt.

Wenn ich dann durch die Gräberreihen gehe, um sie mit Weihwasser zu segnen, bin ich bemüht, kein Grab zu übersehen. Das gelingt natürlich nur in kleinen Dorfgemeinden. Aber die Besucher legen Wert darauf.

Man hat lange geglaubt, dass Tiere keine Gefühle zeigen könnten. Irrtum. Auch sie können trauern. Als ein Bekannter starb, suchte sein Hund täglich das Grab auf und blieb dort lange liegen, bis seine Trauer verklungen war. Als ein Gorilla-Weibchen im Zoo von Boston starb, wurde es aufgebahrt, damit sein Partner Gelegenheit hatte, sich zu verabschieden. Er heulte, schlug sich gegen die Brust; dann legte er ein Stück Sellerie – ihr Lieblingsessen – in ihre Hand und versuchte, sie aufzuwecken.

Im Hamburger Zoo verweigerte ein Schimpanse nach dem Tod seiner Partnerin die Nahrung. Er wurde depressiv und brauchte ein halbes Jahr bis zu seiner Genesung.

Elefanten bedecken den toten Körper ihrer Artgenossen mit Blättern und Zweigen; sie verweilen dort eine Zeit lang und berühren ihn mit ihrem Rüssel.

Wir verbinden Rituale oft mit einem gemeinsamen Essen, Ausdruck seelischer Verbundenheit und Zuneigung. In vielen Völkern sind Tänze wichtige Bestandteile eines Rituals. Manchmal wünscht man für eine Zeit lang die Gegenwart des Gegangenen und deckt noch seinen angestammten Platz am Tisch oder lässt sein Zimmer unverändert bestehen. Ahnenaltärchen sind typisch für die asiatischen Völker.

Wer seine Lieben stets in guter Erinnerung behält, lebt versöhnter und stressfreier. Er wird seinen eigenen Tod als Übergang ins Paradies empfinden in der Vorfreude auf ein Wiedersehen mit Familie und Freunden.

Umgang mit Trauernden

Jede Trauer ist anders. Während die einen sich vielleicht in die Stille zurückziehen, um ihren Schmerz zu fühlen, suchen andere die Ablenkung. Freunde und Bekannte sollten ihre eigene Unsicherheit im Umgang mit Tod und Trauernden nicht durch zu viel Reden überspielen oder falschen Trost spenden mit Bemerkungen wie: »Jetzt hast du ja auch mehr Zeit für dich und die Kinder …« oder »Sei nicht traurig, die Zeit heilt alle Wunden« oder »Du bist nicht schuld am Tod deines Mannes. Mach dir doch keine Vorwürfe!« usw.

Gerade was Schuldgefühle betrifft, können wir feststellen, dass sie häufiger auftreten als wir ahnen. Da gibt es die versäumten Klarstellungen und Gespräche, da stand noch ein Streit im Raum, eine unerfüllte Bitte, eine kleine Kritik … Jetzt ist es zu spät, das Geschehene bleibt gewissermaßen irreparabel.

Gewiss, vielen hilft es, nun noch einmal darüber sprechen zu können; sie brauchen Zuhörer, keine Beschwichtiger. Es stellt keine wirkliche Hilfe dar, wenn man die Schuldfähigkeit des anderen in Abrede stellt. Der Blick sollte auf Vergebung (auch Selbstvergebung) gerichtet werden und auf die Tatsache, dass es im Sinne des Verstorbenen liegt, Frieden zu schließen mit sich selbst, mit ihm und Gott. Wer nun einen zu hohen Anspruch an sich selbst stellt, verzerrt die

Sichtweise; Trauerarbeit bedeutet auch Annahme der eigenen Unzulänglichkeit und Ohnmacht.

In dieser schweren Zeit des Trauerns ist Feinfühligkeit gefragt: Kann ich die Person jetzt einladen zu einem Essen oder zu einem Spaziergang oder vielleicht ist die Zeit schon reif für den Besuch eines Theaters, einer kulturellen oder komödiantischen Veranstaltung.

Gerade die Wochenenden oder Weihnachten sind besonders sensible Zeiten, an denen die meisten Suizide von jungen und alten Menschen geschehen, wenn sie mit dem Verlust nicht klarkommen. So sind Besuche oder Anrufe hilfreich, auch Einladungen oder Treffen mit Menschen mit ähnlichen Schicksalen.

Medikamente sind nicht die beste Wahl zur Bewältigung der Trauer. Schlafmittel sollten nur begrenzt eingenommen werden. Und tägliche Beruhigungspillen sind bekannt dafür, dass sie den Prozess eher hinauszögern.

Da das bisherige Lebenskonzept nun geändert werden muss, vor allem beim Tod eines Kindes oder beim Verlust des verdienenden Partners, kommen auch religiöse Personen an die Grenzen ihres Glaubens: Warum hat Gott das zugelassen? – Immer habe ich gebetet und die Kirche besucht, aber Gott hat meine Gebete nicht erhört …

Verbitterung tritt ein, ein Gefühl von Sinnlosigkeit wächst, das Gottesbild wackelt. Nicht wenige empfinden den Verlust als Strafe und konstruieren im

Rückblick auf ihr Leben einen Vorgang, der eine solche Bestrafung erklären könnte.

Hier ist gewiss auch der Pfarrer gefragt, der dieses Thema weder besserwisserisch noch mahnend ansprechen sollte. Wir haben keine Erklärungen für das Handeln Gottes. Wir können nur gemeinsam und hoffend auf den guten Ausgang der Dinge schauen. Hierbei können Beispiele für ähnliche oder schlimmere Schicksalsschläge bei prominenten Menschen helfen, den Blick in andere Richtungen zu lenken. Wie hat das der gelähmte Samuel Koch geschafft? Was hat Königin Beatrix Mut gemacht beim Tod ihres Sohnes Friso? Und wie erging es dem jungen Hardy Krüger nach dem Tod seines Kindes Paul Luca? Wie konnten die Asylanten, die beim Tod ihrer Familienmitglieder zuschauen mussten, die gefoltert wurden, ihr Leben anpacken?

Irgendwie geht es immer weiter. Manchmal muss ein neues Lebenskonzept her, eine neue Sinngebung, eine neue Aufgabe.

Umgekehrt gibt es jene Menschen, die durch Verlust und Traumata stark geworden sind. Sie sagen, dass sie dadurch in der Familie oder Partnerschaft näher zusammengerückt sind. Ja, manche haben dadurch einen Zugang zu Gott gefunden.

Ich weiß von Menschen, die Trost und Frieden gefunden haben durch die Lektüre jener Bücher, die vom Leben nach dem Tod berichten. Veröffentlichungen von Kübler-Ross, Raymond Battegay, Raymond

Moody u. a. geben sehr aufschlussreiche Einblicke in die Erfahrungen vieler reanimierter Menschen, die klinisch tot waren. Sehr berührt hat mich das Buch von Todd Burpo: »Den Himmel gibt's echt«. Sein Sohn Colton ist mit vier Jahren lebensgefährlich erkrankt. Er überlebte um Haaresbreite. Später erzählt er seinen Eltern, dem Pastorenehepaar Todd und Sonja Burpo, von erstaunlichen Dingen, die er während dieser Zeit zwischen Leben und Tod gesehen hat. Er berichtet von Tatsachen, die er gar nicht wissen konnte.

Der regelmäßige Kontakt mit Freunden und Bekannten, auch mit einer der bisherigen Gruppen (Kegelclub, Kaffeekränzchen, Stammtisch, Näh-, Musikgruppe …) ist die beste Medizin zur Belebung der Geister. Wird hingegen jeder Kontakt vermieden, besteht der Verdacht auf eine handfeste Depression und somit die Notwendigkeit einer Psychotherapie.

Männer und Frauen trauern anders; auch Kinder haben ihre eigene Form der Verarbeitung. Aufgrund unserer Erziehung sind Männer eher imstande, ihre Gefühle zu verbergen; sie können auch nicht so unbefangen und frei wie die Frauen über ihre Emotionen sprechen. Beherrschung ist angesagt, weil sie eine Form der Männlichkeit darstellt. Während in südlichen Kulturen auch die Männer ihren Schmerz hinausschreien, tun sie es in den nördlichen Kulturen kaum. Es hat auch etwas mit dem Männlichkeitswahn zu tun, bei dem tiefgreifende Gefühle wie

Ohnmacht, Trauer und Schmerz heldenhaft überspielt werden, um sich nicht der Lächerlichkeit preiszugeben.

So flüchten Männer im Trauerfall in die Arbeit, in sexuelle Abenteuer, in exzessiven Sport oder in andere Aktivitäten. Manchmal erkennt man ihre unausgesprochene Not im Sarkasmus und Zynismus; es sind Abwehrmechanismen, die dann entstehen, wenn sich der Mensch in einer Sackgasse befindet und keine Perspektive hat. Väter haben Pläne, die sie meist an ihren Kindern festmachen: Betriebsübernahme, Reisen. Stirbt das Kind, stirbt auch der Plan. Da sich Männer in dieser Situation lieber fremden Personen öffnen, rate ich zur Selbsthilfegruppe oder zu einer professionellen Begleitung.

Im Allgemeinen verarbeiten Männer die Trauer schneller als Frauen. Sie suchen und finden auch rasch wieder eine neue Partnerin, derweil sich Witwen mehr Zeit lassen und oftmals gar nicht mehr heiraten. Manchmal stellt sich nach Abschluss der Trauer die Erkenntnis ein, dass sie jetzt freier sind und ihr Leben individueller gestalten können.

Kinder verarbeiten den Verlust von Eltern oder Geschwistern, indem sie ihre Gefühle malen, Selbstgespräche mit den Verstorbenen führen, im Gebet und abendlichen Ritual bei ihnen sind. Für Kinder sind die Toten nicht tot; sie sind lediglich nicht mehr ganz da, nur teilweise. Es wäre nicht gut, ihnen den Abschied am Sarg zu ersparen oder naive Vertröstungen auszusprechen: »Mama ist ein Stern am Himmel« oder »Papa ist auf einer großen Reise …« Kinder gehen mit dem Tod positiv um; sie kennen keine Vermeidungsstrategien. Wenn sie zu früh zum Ersatzpartner des alleinstehenden Elternteils gemacht werden oder wenn sie keine Möglichkeit hatten, ihre Trauer ausreichend zu verarbeiten, werden sie später Probleme bekommen: Der Zugang zu ihren Gefühlen kann blockiert sein oder die natürliche Empathie ist reduziert. Nicht gelebte Trauer kann auch in Wut umschlagen und dann eine Eigendynamik entwickeln. Wir decken solche Blockaden in der systemischen Therapie auf und versuchen, sie zu lösen. Die Heilungsquote ist gut.

Wichtig ist der Hinweis, dass jede Trauer begrenzt ist und der Lebensfreude weichen soll. Es liegt nicht im Interesse der Toten, dass sich die Lebenden an sie binden und in der Entwicklung stehen bleiben und so ihren Auftrag im Diesseits vernachlässigen. Im Gebet und liebevollen Gedenken bleiben wir vereint bis zum Tag des Wiedersehens.

Was man vor dem eigenen Tod beachten sollte

Ich fahre jährlich vierzigtausend Kilometer mit dem PKW durch Europa. Da ich immer mehrere Koffer bei mir habe – ich werde als Referent, Priester und Kabarettist angefragt –, bin ich nur mit dem Auto unterwegs. Zu Beginn der Reise lege ich stets mein Testament und wichtige Informationen für den Fall meines Todes auf den Schreibtisch. Meine Mitbrüder sollen nicht lange suchen müssen; außerdem mahnt mich dieses Ritual daran, jede Fahrt als mögliche letzte Fahrt zu betrachten; denn bei dem täglichen Wahnsinn auf den Straßen ist ein Unfall mit Todesfolge nicht ausgeschlossen.

Dem Testament sind wichtige Unterlagen beigefügt: Patientenverfügung, Adressen derer, die angeschrieben werden sollen, Hinweise auf Interessenten meiner Bühnenrequisiten, Kostüme und Zauberartikel. Denn niemand kennt sich da aus und wohin mit diesen Dingen? Außerdem gibt es eine Anweisung über den Ablauf der Begräbnisfeier und eine CD für das Requiem.

Jedes Jahr wird die Adressenliste aktualisiert und die Patientenverfügung neu datiert.

Soweit die Formalia. Der geistliche Bereich, die sogenannte Spiritualia, besteht in der inneren Haltung, jederzeit mit der Abberufung zu rechnen, um die irdische Bühne versöhnt verlassen zu können.

So haben es auch meine Eltern und Großeltern gehandhabt. Als mein Vater in Pension ging und sehr bald danach erkrankte, machte er sich die Mühe, sämtliche Wasser- und Heizungshähne im Keller zu beschriften, damit meine Mutter Bescheid wusste, welcher Hahn zu welcher Wohnung in den vier Etagen gehörte. Auch im Heizungskeller hinterlegte er genaue Beschreibungen; wir wären sonst alle nicht klargekommen. Diese Vorsorge zahlte sich aus. Er notierte sogar die Adressen der unterschiedlichen Firmen, die im Haus bereits aktiv waren, damit wir nicht fremde Firmen im Reparaturfall anfragen würden. So war er: weitsichtig, planerisch und vorsorgend. Diese Informationen haben meiner Mutter sehr geholfen; denn sie managte bis zum dreiundneunzigsten Lebensjahr ein vierstöckiges Haus, in dem auch Mieter wohnten.

Von Bekannten höre ich bisweilen, wie sie stöhnen und schimpfen, weil der im Koma Liegende oder bereits Verstorbene keinerlei Informationen hinterließ und auch keine Patientenverfügung vorhanden war. Es kommt oft genug zum Familienstreit, wenn es dann um die Pflege oder um die passive Euthanasie oder um das Erbe geht. Es kann mehrere Gründe für das Nichtvorhandensein von Unterlagen geben, sei es aus Bequemlichkeit oder aus der verdrängten Angst vor dem Sterben, sei es aus der fatalen Haltung heraus, dass dafür ja noch Zeit ist.

Die Vorsorge für den eigenen Tod soll in erster Linie die Verwandtschaft entlasten. Nichts kann so stressig sein wie fehlende Hinweise. Man muss ja nicht bis ins Detail alles regeln, obschon manche sogar ihre Todesanzeige im Voraus formulieren. Wer gelernt hat, Verantwortung zu tragen und Rücksicht zu nehmen, wird dies zweifellos bis zum letzten Atemzug beibehalten, wenn er denn kann. Sind Weitsicht und Empathie schwach ausgeprägt, schaut es anders aus; dann entzieht man sich dieser wenig erbaulichen Aktivität und überlässt »die letzten Dinge« den Hinterbliebenen.

Es ist auch möglich, dass Ehepartner oder Kinder nichts hören möchten von irgendeiner Vorsorge für den Sterbefall. Man schiebt das Thema hinaus und hofft, dass es irgendwie schon gehen wird. Deshalb rufen immer weniger Menschen den Priester zur Spendung der Krankensalbung; sie wollen nicht wahrhaben, dass es ernst wird. Oder sie glauben, dass diese fälschlicherweise als »Letzte Ölung« verkannte Salbung den endgültigen Tod bedeuten würde. Dabei habe ich oft genug erlebt, dass bei manchen Patienten die Lebensgeister danach wieder geweckt wurden ...

Wer im Alter und angesichts des Todes in Frieden leben will, ist gut beraten, sein Feld zu bestellen, das heißt mit sich, mit Gott und der Welt ins Reine zu kommen und notwendige Klärungen in die Wege zu leiten. So mancher hat sich am Sterbebett versöhnt.

Eine Frau rief mich zu ihrem schwer kranken Mann mit dem Wunsch, dass ich die Sakramente spenden möge. Dort angekommen, erzählte sie mir, dass ihr Mann den ältesten Sohn enterbt habe, weil dieser wegen eines Streits aus der Kirche austrat. Am Bett sitzend frage ich den alten Herrn, ob es nicht sinnvoll wäre, den Sohn wieder als Erbe einzusetzen, denn bald werde er vor Gott stehen und müsse wohl erklären, wie das mit der Versöhnung bestellt sei. Der Mann schaute mich lange fragend an und meinte: »Meinen Sie, Herr Pater, das ich das machen soll?« – »Ja«, antwortete ich, »das könnte Ihren Sohn wieder in die Kirche zurückbringen. Und Sie werden frei von Groll sein. – Ich bitte Gott, dass Sie das noch mit dem Notar erledigen können.« Der Mann drückte fest meine Hand und schien sichtlich erleichtert, so, als ob er auf diesen Hinweis gewartet hätte.

Tatsächlich konnte er die Enterbung aufheben; zwei Wochen später starb er.

In unserer Gesellschaft, die sich dem Jugendwahn und Erfolgsdruck verschrieben hat, wird das Alter nicht sehr geschätzt. Und doch haben wir mehr Alte als Junge. Das könnte sich mit dem Zustrom der entschieden jüngeren Asylanten ändern. Einige Betriebe stellen wieder ihre ehemaligen, in Rente gegangenen Mitarbeiter ein, weil sie auf deren Erfahrung angewiesen sind. Da wir immer älter werden und rüstig bleiben und da die alten Kranken in Heimen untergebracht sind, rutscht der Tod aus dem Blickfeld. Ist er einmal da, reagieren wir hilflos und überfordert. Da hilft es sehr, wenn die Angehörigen konkrete Anweisungen und einen Letzten Willen des Verstorbenen in Händen haben.

DEPRESSION

Depression ist normalerweise nichts weiter als aus Angst unterdrückte Wut und unterdrückte Trauer.

Günter Jursch
(Transaktions-Analytiker
und Heilpraktiker)

Woran erkennt man eine Depression?

Es gibt nicht die eine Depression. Ihr Erscheinungsbild ist uneinheitlich; das macht die Diagnose so schwierig. Es geht auch nicht um eine zeitlich begrenzte depressive Verstimmung, die jeder kennt, also die sogenannte reaktive Depression, die sich nach großen Enttäuschungen, nach Verlusten und wiederholten Frustrationen einstellen kann. Wer gelernt hat, mit den Widerwärtigkeiten des Lebens klarzukommen und Enttäuschungen nicht zu sehr zu Herzen zu nehmen, leidet weniger darunter als jener, dem diese seelische Widerstandskraft (Resilienz) fehlt.

Typisch für eine Depression ist die traurige Grundstimmung, die innere Leere und Hoffnungslosigkeit. Der Betreffende kann sich zu nichts mehr aufraffen, ist antriebslos und apathisch. In schweren Fällen sind Mimik und Motorik regungslos, die Sprache ist langsam; jedes Interesse ist erloschen.

Weil die Gedanken und Gefühle eingeschränkt sind, sozusagen ins Leere zielen, bleibt natürlich eine Störung der Konzentration nicht aus. An der Tagesordnung sind Grübeleien sowie das Empfinden, aus dem schwarzen Loch nicht mehr herauszukommen.

Manche beklagen ihre Unzulänglichkeit, ihr Versagen; sie schieben die Schuld für ihre Krankheit sich selbst zu, vor allem, wenn sie zum Perfektionismus neigen, Ordnungsfanatiker sind oder einen starken Ehrgeiz haben. Eine übertriebene Gewissenhaftigkeit ist bei dieser Kombination wenig hilfreich. Pläne mögen zwar noch da sein, aber angesichts der Lähmung resignieren die Betroffenen und verstärken damit noch einmal ihre Depression.

Depression bedeutet: Unterdrückung, Wegschiebung, Verdrängung. Meist handelt es sich um negative Gefühle wie Wut, Schuld und Angst, die unterdrückt werden, also um elementare, sozial eher unerwünschte Empfindungen. Damit gehen aber auch Pläne und Bedürfnisse einher: Wer sein Lebenskonzept nicht realisieren kann und keinen Plan B in der Tasche hat, ist gefährdet.

Sehr häufig sind Depressionen mit Schlafstörungen verbunden, was zu einem erhöhten Tablettenkonsum führt. Treten dann Nebenwirkungen auf, werden weitere Medikamente eingenommen, die ihrerseits Nebenwirkungen zeigen: eine Endlosschleife. Da viele meinen, ihre Krankheit sei für andere ein Störfaktor, meiden sie die Gesellschaft oder nehmen alle Kräfte zusammen, um nicht zur Last zu fallen. Es kommt vor, dass kontaktfreudige Menschen, die in einer Depression stecken, aufgedreht wirken, ja als Stimmungsmacher und Clowns eine ganze Gesellschaft unterhalten können, bis sie eines Tages – für alle völlig unerklärlich und überraschend – tot aufgefunden werden. Sie haben ihre Maske abgelegt und im Suizid einen Ausweg gesucht.

Körperliche Beschwerden können eine Depression begleiten, wobei in der Regel keine organischen Ursachen zu finden sind. Ich stelle fest, dass Frauen typischerweise über Rückenschmerzen klagen, auch über Brustenge und Atembeschwerden. Eigentlich kann alles betroffen sein, wobei die jeweiligen Organe Auskunft geben können über mögliche Hintergründe der Depression.

Frau K. klagt über die erstickende Liebe ihrer Mutter. Deren übertriebene Fürsorge und Ängstlichkeit hat bei Frau K. zu einer Abwehr geführt, die sie als »Panzergefühl« empfindet: eine verhärtete Muskulatur im gesamten Oberkörper, Kopfschmerzen. Ständig führt sie ihre Hand an den Hals, so als ob sie sich schützen wollte. Um ihre Mutter nicht zu kränken, hat sie all die Jahre auf die eigenen Bedürfnisse verzichtet, zugleich aber auch eine Hassliebe aufgebaut, die sie abwürgt, weil das vierte Gebot (Eltern ehren) dagegensteht. Im Anmeldebogen nennt sie Depression und fehlende Lebensfreude als Grund für die Therapie.

Wenn Sie ähnliche Symptome wie die beschriebenen bei sich feststellen, muss das nicht bedeuten, dass Sie unter einer Depression leiden. Ängstliche, hypochondrisch geprägte Personen neigen vorschnell dazu, all das bei sich zu vermuten, was sie gerade hören oder lesen.

Die oben erwähnte überfürsorgliche Mutter war depressiv; ihr Klammern an die Tochter war der

Versuch, aus dem Einsamkeitsgefühl herauszukommen und die Tochter zum Partnerersatz zu machen.

Im Laufe des Lebens gibt es Zeiten mit einer stärkeren Anfälligkeit für depressive Verstimmungen. Bei Frauen sind das oft hormonell verursachte Stimmungsänderungen: Schwangerschaft (Wochenbettdepression) und Wechseljahre. Männer fallen ins Stimmungstief, wenn sie sich auf dem Zenit ihrer Leistung, etwa um das vierzigste Lebensjahr herum, überfordern *(burn out)* oder wenn sie unterfordert sind und sich abgestellt fühlen *(bore out).* Nicht alle werden davon betroffen; gefährdet sind vor allem die Menschen, die keine ausreichende Anpassungsfähigkeit an Stress haben. Sie empfinden alltägliche Enttäuschungen stets gravierender als der durchschnittliche Mensch. Dadurch sind sie für Depressionen disponiert.

Im Gehirn depressiver Menschen gibt es chemische Reaktionen, bei denen ein Mangel an biogenen Aminen auffällt. Das sind Eiweißkörper, die die Nervenaktivität steuern. Ohne sie schwindet die Lebensfreude. Nun bleibt die Frage offen, ob der Mangel Ursache oder Folge einer Depression ist. Es ist auch erwiesen, dass jahrelanges negatives Denken und Grübeln neurologische »Autobahnen« erzeugt, das heißt, dass die grauen Zellen in bestimmten Regionen wachsen und in anderen schrumpfen. Eine Folge ist, dass das Denken des Betroffenen immer in der gleichen Spur verläuft, von der er nicht loskommt.

Vermutlich ist ein Mangel an Serotonin und Noradrenalin eine Ursache von Depressionen. Es spielen also viele Faktoren mit, was eine wirksame und gezielte Therapie erschwert.

Zusammengefasst lässt sich sagen, dass ein Hang zur Depression genetisch bedingt sein kann; der Charakter zeigt mögliche Risiken, wenn Leistungsdenken, Ordnungszwang, starkes Sicherheitsbedürfnis und emotionale Beherrschung sich verbünden. Eine solche Person ist geradezu disponiert, in die Falle einer Depression zu tappen. Eine Erziehung, die ein zu starkes Gewicht auf Leistung und Erfolg, Anpassung und Gefälligkeit legt, zugleich Misserfolg und Eigensinn bestraft, züchtet depressive Menschen.

Die meisten Depressionen werden nicht erkannt. Sie sind verborgen, fallen allenfalls auf, wenn eine vermehrte Denkhemmung vorliegt, wenn Fehlleistungen wie Vergessen, Verschreiben, Versprechen, Verlegen-von-Dingen oder Nichthinhören zunehmen. Nahezu fünfundsiebzig Prozent der Erkrankten leben jahrelang vor sich hin, bevor sie selbst die Symptome richtig einschätzen können und sich einer Behandlung unterziehen. Besonders Männer scheuen sich vor der Erkenntnis und spielen die Krankheit herunter. Manche spülen sie auch mit Alkohol hinunter.

Im Normalfall klingen depressive Phasen nach kurzer Zeit ab, auch die Trauer hat ihre Zeit. Bleibt die Grundstimmung pessimistisch, gesellen sich organische Funktionsstörungen hinzu, und hat man das Gefühl, wie gelähmt zu sein, ist eine Therapie angeraten.

Depression als Wut gegen sich selbst

Es mag verwundern, dass viele depressive Menschen wütend sind. Doch wo ist sie geblieben, diese emotionale Erregung? Ebenso fällt auf, dass typischerweise psychotische Menschen jahrelang Wut und Zorn geschluckt haben; es scheint also eine Verbindung zu geben zwischen den meisten depressiven und psychotischen Erkrankungen und der verdrängten Wut. Überanpassung und Verdrängung um des lieben Friedens willen, der gar keiner ist, ist auch vom christlichen Standpunkt aus nicht gerechtfertigt, wenngleich sozial erwünscht. Sie machen krank. Doch wie soll man mit einem solch unerwünschten Gefühl umgehen?

Die meisten Suizide kommen in den asiatischen Ländern vor. Ich vermute, dass dies mit der kulturell bedingten Unterdrückung jedweder Wut zusammenhängt; sie gilt als Zeichen von Charakterschwäche und fehlender Selbstkontrolle. So wirkt sie im Untergrund der Seele unauffällig weiter, bis das Fass explodiert: Dann werden die Aggressionen nicht gegen die Mitmenschen ausgelebt, sondern gegen sich selbst gerichtet: in Form eines Suizids. – Das ist in dieser Kultur immerhin noch gesellschaftsfähiger als ein Tobsuchtsanfall!

Auch in unserer Kultur gilt eine unbeherrschte Person als peinlich. Man schämt sich für seine

Ausraster, also für den Verlust der Selbstkontrolle. Es gibt jedoch eine Form von kultivierter Wutäußerung: Indem ich meine Gefühle verbalisiere und begründe, bleibt der Zorn sachbezogen und beleidigt niemanden. Solche authentischen Ich-Botschaften müssen erlernt werden. Leider sehen die Lehrpläne unserer Schulen derartige Lernziele nicht vor. Tatsächlich lernen wir nichts für das Leben, sondern folgen einem meist überfrachteten Lehrplan.

»Ich bin sehr sauer über deine Unzuverlässigkeit. Wir haben ausgemacht, dass du um fünf Uhr nach Hause kommst; es ist jetzt sieben Uhr. Du hast auch nicht angerufen, du warst nicht erreichbar. Ich musste meinen Besuch absagen. So etwas ist sehr ärgerlich. Ich erwarte eine Entschuldigung.« (Mutter zu ihrem verspäteten Sohn)

»Was Sie da behaupten, stimmt nicht. Sie unterstellen mir einfach ein pauschales Fehlverhalten, ohne mich danach zu fragen, was an den Gerüchten dran ist. Ich erwarte von Ihnen mehr Seriosität und Rückhalt für Ihre Angestellten und kein Nachplappern von unbegründeten Verdächtigungen. Das ist kein gutes Arbeitsklima, wenn Sie so mit uns umgehen.« (Angestellter zum Chef)

»Ich fühle mich ungerecht benotet. Sie geben meinem Nachbarn bei gleicher Fehlerzahl die Note ›Gut‹ und mir eine ›Befriedigend‹. Das möchte ich so nicht hinnehmen.« (Schüler zum Lehrer)

Wer nie gelernt hat, über seine Gefühle zu sprechen, und zwar unverschlüsselt, kann nicht erwarten, dass ihn die anderen verstehen. Statt Türen zu schlagen, tagelang zu schmollen oder patzig zu reagieren, sollten wir sagen, was uns bedrückt oder ärgert. Denn unausgesprochene Empfindungen heilen nicht; sie stören den hormonellen und neuralen Körperhaushalt. Ob ich die Wut hinunterschlucke oder destruktiv hinausschreie, bleibt sich in den Folgen gleich; es werden die Stresshormone Adrenalin und Kortisol ausgeschüttet und im weiteren Verlauf steigen der Cholesterinspiegel und der Blutdruck. Eine faire Streitkultur ist auch eine Gesundheitsvorsorge.

Depressive Menschen können sich schlecht abgrenzen; sie vermeiden es, Bitten anderer abzuschlagen, wollen geliebt werden und leiden unter der Angst vor Harmonie- und Sympathieverlust. Im Grunde sind sie Marionetten in den Händen anderer. So verbündet sich Wut gegen die anderen mit der Wut gegen sich selbst: eine fatale Situation.

Wut tut gut. Aggressive Energie kann helfen, etwas in Bewegung zu bringen oder zu verändern, aber nur, wenn sie konstruktiv genutzt wird. Sobald der Zorn stärker ist als die Angst, tauchen längst vergrabene Bedürfnisse auf, von denen die Mitwelt kaum etwas wusste.

Frauen richten ihre Aggressionen eher gegen sich selbst, nach innen, während Männer andere angreifen und die Wut so abwälzen. Das könnte auch ein

Grund sein, warum Frauen von depressiven Erkrankungen mehr betroffen sind.

Es geht also darum, seine Gefühle zu artikulieren, sie nicht zu unterdrücken, sie auch nicht in massiven Affektausbrüchen zu entladen, somit eine Selbstbeherrschung im Sinne der Kontrolle zu verwirklichen, aber keine Unterdrückung der Gefühle. Wir bieten in unserem Bildungshaus immer wieder Kurse an, in denen man das faire Streiten übt. Und es gibt große Firmen, die bei uns für ihre Angestellten und für die Führungskräfte Kommunikationsseminare durchführen lassen. Der Bedarf ist enorm.

Wenn negative Gefühle wie Wut, Angst und Schuld lange ins Unterbewusstsein geschoben werden, verliert der Betreffende den Kontakt zu ihnen. Er weiß nicht einmal, dass er sie hat. Es gibt viele Arten von Kompensation: Der Wütende mag seine Wut vielleicht mit Sport oder mit seiner Arbeit kompensieren; der Ängstliche seine Angst mit Machogehabe oder waghalsigen Aktionen; der Schuldige seine Schuld mit penetrantem Leugnen oder mit religiösen Leistungen. Das alles führt am Ende bei dem Betreffenden zur Überzeugung, dass es ausgeglichen und er angstfrei und unschuldig ist. Und dennoch verraten ihn seine unbewussten Handlungen (Fehlleistungen), seine verschlüsselten Verhaltensweisen (Ironie, Sarkasmus, Zynismus, Gereiztheit, übertriebenes Auftreten, die Art, wie er spricht, seine psychosomatischen Erkrankungen …).

Jesus hat seinen Zorn nicht versteckt. Er zeigte ihn, indem er mit einem Strick die Händlertische und Wechselkassen im Tempel umwarf (vgl. Joh 2,15). Er wies Petrus barsch zurecht, als dieser die Pläne Gottes infrage stellte (vgl. Mk 8,33), und beschimpfte die Selbstgerechten mit seinen Wehe-Rufen (vgl. Lk 6,24 ff.). Nein, er war kein pflegeleichter Wellness-Gott, sondern sehr authentisch und emotional. Nirgendwo verbot er Gefühle; doch sie durften die Menschen nicht beleidigen und den Betreffenden selbst nicht schädigen.

Wut zu empfinden ist nicht schlimm; sie nicht wahrhaben zu wollen, kann schlimm sein, denn dann besteht die Gefahr einer Gefäßverengung und Körperverhärtung. Bei solchen Menschen fällt mir auf, dass sie meist auch leise sprechen, kaum eine lebendige Sprachmelodie aufweisen, dass man sie kaum aus der Ruhe bringen kann. Phlegmatiker gehören zu ihnen; tatsächlich gibt es einen erwiesenen Zusammenhang zwischen diesem Charaktertyp und Depressionen. Was sich nach außen hin so stabil und behäbig präsentiert, mag in der Seele anders aussehen. Jede andauernde Verdrängung hat ihren Preis. Nur wer mit sich und der Umwelt in Frieden lebt, wer sich also selbst mag und ehrt, hat den besten Schutz gegen Aggressionen und Depressionen.

Formen der Depression

Es gibt keine eindeutige Unterteilung der verschiedenen Depressionserkrankungen. Hier basteln die Psychiater auf den Lehrstühlen ihre jeweils eigenen Lehrgebäude. Ich schließe mich der Dreiteilung an, die der Baseler Ordinarius Kielholz vorschlägt:

1. Körperlich begründbare Depressionen, also somatopsychische Erkrankungen, die von neurologischen Veränderungen verursacht werden, oder die hormonell bedingten Erkrankungen (Wochenbettdepression, klimakterielle Depression) oder Stimmungskiller, ausgelöst durch Medikamente (zum Beispiel Kortikoide, Betablocker, Interferon alfa u. a.). Es kommt vor, dass eine schwere Behinderung zu depressiven Symptomen führt. Hier spielen auch Selbstmitleid und mangelnde seelische Widerstandskraft eine Rolle. Hinter manchen körperlichen Störungen verbirgt sich oftmals eine depressive Grundstimmung, die nicht sofort erkannt wird. Man spricht von einer larvierten Depression.

2. Endogene Depressionen, verursacht durch eine Störung im Gehirnstoffwechsel, vererbbar. Sie tritt auch im Zyklus auf, also im Wechsel von gehobener und gedrückter Stimmung: himmelhochjauchzend, zu Tode betrübt. Manische Phasen, in denen der Betroffene unkontrollierte Einkäufe macht, grandiose

Pläne schmiedet und die verrücktesten Aktionen startet, wechseln sich ab mit depressiven Phasen mit suizidalen Fantasien. Bei etwa zehn Prozent aller Depressiven treten manische Phasen auf. In diesen Phasen sind die Betroffenen extrem aufgedreht, heiter oder redselig. Dies kann sich bis hin zu Wahnvorstellungen entwickeln.

3. Psychogene Depressionen. Dazu gehören die neurotische Depression, die erziehungsbedingt infolge langer Unterdrückung seelischer Konflikte auftritt, die Erschöpfungsdepression, auch bekannt als *Burn-out*, und die reaktive Depression, wie sie sich in der Trauer zeigt.

Die Fachwelt kennt dann noch die anankastische Depression, die mit Zwängen einhergeht, etwa mit dem Zwang, die eigenen Kinder töten zu müssen. Von einer agitierten Depression sprechen wir, wenn jemand von ständiger Unruhe getrieben ist und eine ängstliche Hyperaktivität an den Tag legt. Zugleich ist er unfähig, seine Arbeit vernünftig und konsequent auszuführen; Schuldgefühle und Selbstzweifel treten hinzu. Ursachen können Stress oder soziale Probleme sein, stets handelt es sich auch um Überforderung.

Manchmal fragt man sich, wieso die einen in Depressionen fallen und die anderen dagegen gefeit sind. Wenn man von erblich bedingten Stoffwechselstörungen und von medikamentös verursachten

Depressionen absieht, ergibt sich der Verdacht, dass die Menschen aufgrund einer unterdrückenden Erziehung oder infolge einer nie erworbenen Frustrationstoleranz (die Fähigkeit, frustrierende Erlebnisse aushalten zu können) oder infolge von Sinn-, Glaubens- und Liebesverlust in eine Depression fallen. Es hat sich mehrfach erwiesen, dass religiöse, betende Menschen weniger Erkrankungen aufweisen, gesünder und insgesamt auch länger leben als Nichtreligiöse. In über zwanzig weltweit durchgeführten Untersuchungen wurde dies festgestellt. Es sind die Endorphine (Glückshormone) und Interleukin-6-Werte, die sich bei den Betern in höherem Maß finden lassen. So betrachtet, müssten alle Kirchgänger und religiösen Menschen einen Gesundheitsbonus bekommen, da die bei ihnen auftretenden Endorphine Stimmungsaufheller sind, die wesentlich zu einem entspannten Leben beitragen. Wer seinen Frust bei Gott abladen kann, hat immerhin eine therapeutische Ansprechperson. Hier sei im Übrigen darauf hingewiesen, dass das aus dem Griechischen stammende Wort »Therapie« nicht nur Heilung und Hilfe bedeutet, sondern auch Dienst, Anbetung, Verehrung. Ich deute das so: Wer seinen Gott anbetet, blickt von sich weg; alle Ich-Bezogenheit und Konfliktzentriertheit wird geringer, was Körper, Seele und Geist frei macht.

Wer ist gefährdet?

Es kann jeden treffen; wir kennen diese Lebenskrisen und Phasen der Depression, ausgelöst durch Verlust und große Enttäuschungen oder gar durch ein schweres Trauma. Im Allgemeinen aber verschwinden sie wieder nach einer gewissen Zeit; Dennoch trifft zu, dass die Zeit nicht immer die Wunden heilt. Wir wissen, dass es eine Veranlagung zu Depressionen geben kann; darüber hinaus gibt es typische Charaktermerkmale und Verhaltensweisen, die Depressiven zu eigen sind: Sie trauen sich nicht viel zu, neigen zu Unsicherheit und Überanpassung, klammern sich aus Angst vor Einsamkeit an Partner oder Freunde. Sie haben nicht gelernt, sich durchzusetzen, und schlagen Bitten anderer kaum ab aus Angst vor Sympathieverlust. Es ist nicht schwer, ihnen Schuld zuzuweisen, um sie gefügig zu machen, denn Schuldgefühle sind für sie unerträglich. So geben sie nach in der Hoffnung, geliebt zu werden, zumindest gebraucht zu werden.

Sie sind hilfsbereit, empathisch, sensibel, aber auch empfindlich. Misstrauisch wittern sie versteckte Ablehnung und ein einziger Tadel vermag hundert erhaltene Komplimente zunichtezumachen.

In der Erziehung sind es meistens die üblichen Fehler, die zu solchen Denkmustern und einem solch schwachen Selbstwertgefühl führen können:

Entweder wurden sie als Kinder misshandelt und vernachlässigt oder übermäßig verwöhnt und überbehütet. Es ist immer der Verlust der Mitte: zu wenig oder zu viel. Das hat bittere Folgen für die Entwicklung des Kindes.

Menschen, die immer das Empfinden haben, nicht genug geliebt zu werden, wissen oftmals gar nicht, dass sie tatsächlich als Kind kaum Liebe bekamen. Frühe Hänseleien, Züchtigungen oder Demütigungen hinterlassen lebenslängliche Spuren. So bleibt ein Misstrauen übrig, das sie dazu verleitet, sich vor weiteren seelischen Schmerzen zu schützen und Menschen auf Abstand zu halten. Gleichzeitig suchen sie ihre Nähe, ahnen aber, den Erwartungen der anderen nicht entsprechen zu können. Es ist ein Dilemma, aus dem sie ohne professionelle Hilfe nicht herauskommen, es sei denn, sie finden einen Partner, der sie so liebt wie sie sind.

»Ich musste immer ein anderer sein als ich gerade war«, schrieb mir ein Student. »Ich suchte stets die Anerkennung durch Leistung und Anpassung und fühlte mich dennoch nicht wohl. Alle sagten: ›Du musst dich so und so verhalten, aber nicht so.‹ Im Bemühen um das richtige Verhalten wurde ich immer depressiver und aggressiver. Dann kam jemand, der mich wirklich liebte. Er sagte: ›Du musst dich nicht ändern, bleib, wie du bist.‹ Und da fing ich allmählich an, mich zu ändern. Aller Druck fiel weg, ich fühlte ich zum ersten Mal frei und geliebt.«

Die Gefährdung, einmal depressiv zu werden, entsteht also hauptsächlich in der Kindheit. Natürlich können auch spätere Traumata zu Depressionen führen, sind aber vergleichsweise besser therapierbar. Was von Kindesbeinen an falsch läuft und wie die Muttermilch eingesogen wird, ist nur bedingt heilbar. Diese neurotische Depression hat auch neurologische Spuren hinterlassen. Um sich ein neues Denkmuster anzueignen, bedarf es therapeutischer »Scharfschützen«: Verhaltens-, Suggestions- und Gruppentherapie.

Des Weiteren sind Personen mit überhöhten Erwartungen an sich selbst gefährdet. Ihr Ehrgeiz und Perfektionismus wollen nichts anderes als eine verdiente Zuwendung und Beachtung. Wehe aber, wenn sie nicht kommt oder sie ihren eigenen Ansprüchen nicht gerecht werden. Ich war kein guter Schüler; das Schulsystem ärgerte mich. Ich musste lernen, mich mit weniger guten Noten zufriedenzugeben. Während ich mich also über eine »Befriedigend« freute, weinten meine Kameraden über ihre schlechte Benotung »Gut«. Erfolgsverwöhnte Schüler müssen kaum um ihren Erfolg kämpfen. Geht einmal etwas schief, fallen sie aus dem Gleichgewicht. So ist also die Zumutung von Leid und Misserfolg ein pädagogisches Mittel, um Frustrationstoleranz zu erlernen. Depressive haben nur eine geringe Frustrationstoleranz. Sie müssen also lernen, mit Enttäuschungen besser zurechtzukommen, ohne ihren Selbstwert gering zu achten oder ihren Selbstwert vom Erfolg abhängig zu machen.

Bei Gott zählt der Erfolg nicht, nur die Mühe. Das ist ziemlich mühselig, also zuerst müh-, dann -selig.

Das Tragische am Schicksal mancher Menschen liegt in der unbewussten Wiederholung ihrer Enttäuschungen. Wer abweisende Eltern hatte, sucht sich oftmals einen abweisenden Partner; wer missbraucht wurde, wird nicht selten selbst zum Täter oder sucht immer wieder die Wiederholung des Missbrauchs. Hierin liegt eine mögliche Erklärung für die Entstehung sadomasochistischer Praktiken.

Während des Krieges und schwerer Zeiten der Existenzsicherung lag die Quote für depressive (und auch psychotische) Erkrankungen sehr niedrig. Erst danach, als der Mensch zur Ruhe kam und einen gewissen Wohlstand erreichte, nahm sie zu. Jetzt, in Zeiten von Stress, Hektik und Leistungsdruck, wächst sie noch mehr. Wir vermuten, dass unsere Seele völlig überfordert ist mit dem hohen Maß an Kontroll- und Kommunikationsverlust. Belastend sind auch die sogenannten Simultanhandlungen, also der klägliche Versuch, vieles gleichzeitig zu machen. Aus Zeitmangel wollen wir essen, zwischendurch eine SMS abrufen und noch rasch die aktuellsten Meldungen im Fernsehen anschauen. Symptomatisch ist der Informationssender n-tv: Da sehen Sie auf dem Bildschirm die unten ablaufende Textbanderole mit den aktuellsten Nachrichten, gleichzeitig darüber die gerade vom Sprecher erwähnten Infos, eingeblendet die Uhrzeit, die Aktienstände und im Bild noch einmal ein kleines Bild, auf das sich der Sprecher gerade bezieht. Unser Gehirn vermag dies alles nicht in Sekundenschnelle zu erfassen. Multitasking funktioniert nicht.

Wir waren nie so gut versichert wie heute und sind doch unsicher; wir waren noch nie so gut vernetzt wie heute und sind doch isoliert; wir haben noch nie so intensiv um Aufmerksamkeit geworben und sind doch unaufmerksam; wir prahlen mit tausend Freunden auf Facebook und haben doch keinen einzigen wirklichen Freund … Wenn das mal nicht depressiv macht!

Schuld und Angst in der Depression

Fragt man Depressive, welches Empfinden stärker ist, wird man keine klare Antwort erhalten, denn sie tun sich schwer, die Gefühle von Angst, Wut, Trauer und Schuld oder Scham zu unterscheiden. Das betrifft nicht die positiven Emotionen. Sie empfinden oftmals Wut und Schuldgefühle gleichzeitig oder Angst und Scham. Hinzu kommt der Gedanke, nur sie allein hätten diese Probleme und würden deshalb auch von ihrer Umwelt abgelehnt oder gekränkt, was dann wiederum zur Selbstablehnung führt.

Schon aus diesem Grund sind Selbsthilfegruppen, in denen sich auch Nichtdepressive befinden sollten, geeignet, die einseitige Selbsteinschätzung zu korrigieren.

Frau L. fällt durch ihr ständiges Jammern auf: Sie gibt sich an allem die Schuld, sieht die Ursache aller Mängel und Ärgerlichkeiten nur bei sich selbst und empfindet ihre Situation als Strafe Gottes. Hier fällt auf, dass gerade die älteren, religiös erzogenen Menschen mit einem falschen, strafenden Gottesbild konfrontiert wurden. Dabei sollte die christliche Lehre doch befreiend, heilend und ermutigend sein. In den vierzig Jahren meiner therapeutischen Arbeit musste ich mit Schrecken erkennen, dass dieses falsche Gottesbild viele Menschen gekränkt und belastet hat; und immer noch bekomme ich zu hören, dass sogar

Priester den strafenden Gott lehren. Dabei ist das Christentum gar keine moralische, sondern eine therapeutische Religion. Das Vaterbild Jesu wurde lange missbraucht, verzerrt dargestellt und zum Buhmann einer fragwürdigen Pädagogik gemacht.

Frau L. hat noch ein anderes Problem: Sie leidet unter einem Waschzwang. Sie muss sich ständig die Hände waschen, weil sie das Gefühl der inneren Verschmutzung und Sündhaftigkeit wegputzen will. Inzwischen reichen die Handwaschungen nicht mehr, jetzt geht es los mit dem Duschen. Appelle an die Vernunft helfen nicht; der Verstand sagt ihr bisweilen, wie unvernünftig das ist, aber das Gefühl ist stärker. Sie befindet sich nun in einer verhaltenstherapeutischen Behandlung, medikamentös unterstützt, in der sie schrittweise mit dem äußeren Schmutz konfrontiert wird, den es auszuhalten gilt. Wir sprechen von Desensibilisierung und im Fall einer massiven Konfrontation ohne Fluchtmöglichkeiten von *Flooding* (Überfluten mit dem Angstobjekt).

Ängste entstehen auf verschiedene Weise. Ich habe bereits auf die Überbehütung hingewiesen, die es einem Kind unmöglich macht, mit Frustrationen zurechtzukommen. Eltern, die alle Gefahren und Schwierigkeiten aus dem Weg räumen, verhindern das Einüben von Konfliktlösungen. Das allein reicht noch nicht zur Erklärung einer später auftretenden Angst; wenn jetzt aber noch dauerhafte Entmutigungen hinzukommen, wird es eng. Kinder bauen nur dann ein stabiles Selbstwertgefühl auf, wenn sie das Gefühl haben, auch beim Versagen geliebt und akzeptiert zu sein. Häufen sich Tadel und überzogene Erwartungen, wächst die Angst vor dem Versagen. Das fehlende Selbstvertrauen hat neuerliches Versagen zur Folge. Der Teufelskreis schließt sich, wenn sich nun der Gedankengang verfestigt: »Ich kann nichts« – »Ich bin nichts« – »Mich mag keiner« – »Ich hab es nicht besser verdient« – »Ich bin schuld«. Solche Denkmuster prägen sich tief ein und bauen eine Art neurologische Straße im Gehirn. Mit bestimmten Medikamenten versucht man, diese Straße abzubauen und neue Verbindungen zwischen den Nervenzellen möglich zu machen. Damit wieder positive Stimmung herrscht, werden biochemische Botenstoffe wie Serotonin und Dopamin losgeschickt. Die Wirkung setzt aber nicht immer sofort ein, sondern oft erst nach zwei Wochen. Das erfordert viel Geduld vom Patienten und eine zeitnahe Betreuung durch den behandelnden Arzt.

Es ist keineswegs ein Zeichen von Mut oder Klugheit, Ängste ständig zu verdrängen. Angst hat man oft vor dem Unbekannten. Wer sich mit seiner Angst beschäftigt und der Ursache nachgeht, kann sie beheben. Hingegen kann sich ein verdrängter Konflikt selbstständig machen und wird dann nicht mehr verstanden; man erkennt keine plausible Ursache mehr und ist ihr hilflos ausgeliefert. Die Angst führt ein bizarres Eigenleben.

Alle Welt spricht vom Stress und meint damit ein ganzes Bündel von Überforderung, Zeitmangel, Leistungsdruck und Hektik. Dabei gehört ein gesundes Maß an Stress zum Überleben. Gemeint ist der Eu-Stress, der gute Druck, ohne den es nicht nur eintönig wäre, sondern auch schädlich für die Lebensgestaltung. Ein Pflänzchen gedeiht nur dann und wächst zu einem starken Baum, wenn es früh genug gegen den Wind und Sturm angehen konnte. Denn nur so wachsen seine Wurzeln tiefer und werden dicker. Ohne den scharfen Wind wird es nie kräftig. Wenn diese Wurzeln nicht kräftig wachsen konnten und später dann ein Sturm über das Land fegt, wird es ausgerissen. So wird eine gute Erziehung das Kind nicht vor Anforderungen und Konflikten bewahren, sondern sie wird ihm bei der Bewältigung helfen. Darin liegt auch der Sinn des von Gott zugelassenen Leids in der Welt; Leid ist keine Strafe, sondern eine Herausforderung. Es liegt allein an mir, daran zugrunde zu gehen oder zu wachsen.

Die normale Traurigkeit unterscheidet sich von einer Depression darin, dass bei ihr Schuldgefühle und Selbstablehnung nicht die entscheidende Rolle spielen. Mit anderen Worten: Depression und Schuldempfinden sind Geschwister. Den Patienten fehlt die Einsicht in angemessenes Verhalten: Sie fühlen sich schuldig, obwohl sie gar nicht verantwortlich sind.

Gespräche mit ihnen vermögen nur kurzfristig Einsicht und Besserung zu bringen. Ich glaube, dass das Leben in einer Gemeinschaft bzw. intakten Familie den besseren Halt geben kann als wenn jemand, der allein wohnt, mit Medikamenten vollgestopft wird. Ein regelmäßiges positives *Feedback* durch die Mitbewohner, auch eine Entlastung von Verantwortung und Entscheidungen, wäre die beste Therapie. Doch angesichts unserer Single-Gesellschaft und der fehlenden Achtsamkeit wird es wohl nur ein Wunschtraum sein …

Was führt zum *Burn-out*?

Seit 1990 haben sich die psychischen Belastungen fast verdoppelt. Der Begriff *Burn-out* kam in Umlauf, stellt aber keine medizinische Diagnose dar. Er ist ein Sammelbegriff für Energieverschleiß, eine Erschöpfung aufgrund von Überforderung, für unrealistische Erwartungen, Zeitdruck und viele andere Faktoren.

Burn-out ist meist arbeitsbezogen. Menschen mit hohem Ehrgeiz und ausgeprägtem Anpassungsbedürfnis sind gefährdet. Die Symptome sind vielfältig und umfassen Rastlosigkeit, das Gefühl, nie Zeit zu haben, die Vernachlässigung eigener Bedürfnisse, das Gefühl, etwas Wichtiges zu verpassen, Versagensängste, Schlafstörungen, Herzstörungen, hohen Blutdruck, Kopfschmerzen oder Tinnitus usw.

Werden diese Warnsignale ignoriert und hat sich das *Burn-out-Syndrom* schließlich bemerkbar gemacht, ist eine Heilung ohne therapeutische Hilfe kaum möglich. Unbehandelt kann ein *Burn-out* zu ernsthaften Erkrankungen führen, etwa zu einer Depression oder zu Schmerzen ohne eigentliche körperliche Ursache.

Aufgrund meiner Erfahrungen im Umgang mit solchen Patienten wage ich zu behaupten, dass vor allem die fehlende Abgrenzung ein wesentlicher Grund für dieses Ausgebranntsein ist. Zur Abgrenzung gehört die Fähigkeit des Neinsagens, der Durchsetzungskraft, des Widerstands und des rechtzeitigen Rückzugs. Wer das nicht gelernt hat, kommt schnell an die Grenzen seiner Belastbarkeit. Wir Deutsche haben einen Hang zur Überanpassung und zu einem übertriebenen Gehorsam. Aus Angst vor Ablehnung oder vor Schuldgefühlen geben wir oft nach, auf Anerkennung hoffend; auch weil wir kaum gelernt haben, frühzeitig Risikobereitschaft und Zivilcourage zu zeigen. Wir haben ein ausgeprägtes Sicherheitsbedürfnis und wollen sogar die Sicherheit mit unzähligen Versicherungen, beglaubigten Zeugnissen und Garantiezertifikaten absichern.

Es ist erwiesen, dass exzentrische Typen und solche, denen es völlig egal ist, was andere über sie denken, stabiler und freier sind und länger leben. Sie sind belastbarer, eigenwilliger und somit in der Lage, sich von überzogenen Erwartungen ihrer Umwelt abzugrenzen. Wenn es für sie zu viel wird, ziehen sie sich zurück.

Zweifellos nutzen viele Chefs die Schwächen ihrer Angestellten aus und setzen sie unter zeitlichen und psychischen Druck. Dass sie damit das Betriebsklima schädigen und die Leistungsfähigkeit schwächen, haben sie nicht vor Augen. Gute Betriebe bieten gleitende Arbeitszeiten, Pausen und Freiräume an. Sie gestatten das Schwätzchen im Treppenflur und fahren Erwartungen herunter, wenn jemand erkrankt. Ehrgeizige Chefs und von Arbeitswut besessene

Vorgesetzte geben im Grunde ihren Druck weiter, um sich zu entlasten. Und die gestressten Untergebenen belasten dann durch Fehlzeiten die Erfolgsbilanz der Firma. Ein fataler Teufelskreis.

Ich rate jedem Beschäftigten, der seine Arbeit gut und schnell ausführt, zu langsamerem Vorgehen, wenn er vermeiden möchte, dass der Chef ihm sofort wieder neue Aufgaben auf den Schreibtisch legt. Kann er sich nicht dazu durchringen, weil er Karriere machen will, ist sein *Burn-out* vorprogrammiert.

Zuerst streikt sein Unterbewusstsein: Er schläft schlecht, träumt Unangenehmes. Dann häufen sich die oben genannten Fehlleistungen wie Vergesslichkeit und Chaos im Vorderlappen seines Gehirns: Er bringt einiges durcheinander, verwechselt Termine, verzettelt sich. In der Folge protestiert der Körper. Weil er am liebsten seine Ohren verschließen möchte, tritt der Tinnitus auf; weil er die Nase voll hat, bekommt er Schnupfen; weil er nicht aus seiner Haut kann, treten Akne und Hautirritationen auf, und weil er mit dem Rücken zur Wand steht, tut sein Rücken weh, wird er hart-näckig und hals-starrig. Irgendwann endet das Desaster mit einem Infarkt oder einer chronischen Atemwegserkrankung: Die Luft bleibt ihm weg.

Das alles muss nicht so sein, aber es kann so sein, und es nimmt zu. Wichtig ist, auch an sich selbst zu denken und neue Prioritäten zu setzen. Da wird zu oft das Hamsterrad mit der Karriereleiter verwechselt.

Christen kennen gute Rezepte, die Nichtchristen in teuren Seminaren lernen müssen:

»Kommt mit an einen einsamen Ort [...] und ruht ein wenig aus« (Mk 6,31) – »Sammelt euch Schätze [...], wo weder Motte noch Wurm sie zerstören« (Mt 6,19) – »Gedenke des Sabbats: Halte ihn heilig!« (Ex 20,8) – »Hat ein wohlerzogener Mensch nicht mit wenig genug?« (Sir 31,19). Für die Betenden gilt die Zusage Gottes: »Besonnenheit wacht über dir, und Einsicht behütet dich!« (Spr 2,11).

Viele Jahre lang gab ich für Führungskräfte verschiedener Konzerne Seminare in Sachen Kommunikation, Zeitmanagement und Stressbewältigung. Ich kenne die Not dieser erfolgsgetriebenen Menschen und sah auch die »Kollateralschäden« ihres Berufs, nämlich zerstörte Ehen. Bei manchem kam die Einsicht, dass der Job nicht das Wichtigste ist, erst mit seiner Frühberentung.

Ich gebe zu, dass die Tugend der Abgrenzung nicht einfach ist, da sie mitunter Sympathieverlust nach sich ziehen kann. Sind Sie hingegen immer verfügbar, dann kostet das Ihre Gesundheit. Wir zahlen also auf jeden Fall einen Preis: Im Falle eines Neins ist es der Preis, möglicherweise als lieblos, hart und ungefällig zu gelten; im Falle des Jas droht der Preis der Überarbeitung. Sie entgehen dem *Burnout* nur durch vernünftiges Planen, Pausieren, Mäßigung im Essen und Trinken, sportliche Aktivität und vor allem durch Sinngebung Ihres Tuns. »Wer ein Warum zu leben hat, erträgt fast jedes Wie«, sagte Nietzsche.

Ich halte nichts davon, seinen Jahresurlaub an einem Stück zu verbringen. Es ist besser, ihn zu halbieren oder zu dritteln. Und dann sollte niemals eine längere Rückreise am letzten Urlaubstag angetreten werden. Das Auskosten bis zur letzten Minute ist weder intelligent noch gesund, denn Stress entsteht nicht durch ein Zuviel an Arbeit und Mühe, sondern durch ein Zuviel an aufgeschobener Arbeit und pausenloser Mühe, durch den Druck, der fünf vor zwölf entsteht. Und dann ist es schnell fünf nach zwölf.

Chancen und Grenzen der Medikation

Die Ursache von Depressionen wird mit einem fehlgesteuerten Zusammenspiel von Botenstoffen im Gehirn in Verbindung gebracht. Der Stoff Dopamin etwa, der Aufmerksamkeit und Freude steuert, steht bei Depressiven oft in zu geringen Mengen zur Verfügung. Die Medikamente verhindern, dass überaktive Neuronen Botenstoffe, die mit Depressionen in Verbindung stehen, immer wieder aufnehmen. So sorgen sie für einen Ausgleich zwischen den Zellen, allerdings mit Nebenwirkungen.

Die Wirkung setzt nicht immer sofort ein, sondern oft erst nach rund zwei Wochen. Das erfordert viel Geduld vom Patienten und eine zeitnahe Betreuung durch den Arzt.

Antidepressiva machen nicht abhängig und verändern auch nicht die Persönlichkeit. Allerdings können sie Nebenwirkungen haben. Und es kann vorkommen, dass das erste verabreichte Antidepressivum nicht gut genug wirkt, sodass der Arzt einen anderen Wirkstoff verschreiben muss. Allerdings sollte man ein Medikament einige Monate lang probieren, bevor man wechselt.

Trizyklische Antidepressiva wie Imipramin, Doxepin, Trimipramin, Nortriptylin und Despramin weisen die am längsten erwiesene Wirksamkeit auf. Sie wirken zusätzlich beruhigend und schlaffördernd und bessern die innere Unruhe.

Hauptnachteile sind ein trockener Mund, Verstopfung, Appetitsteigerung und Gewichtszunahme, manchmal auch Einschränkung von Gedächtnis und Konzentrationsfähigkeit.

Die Serotonin-Wiederaufnahme-Hemmer wie Fluoxetin, Paroxetin, Citalopram, Sertralin und Escitalopram haben deutlich weniger Nebenwirkungen, zum Beispiel treten in der Regel keine Mundtrockenheit, keine Verstopfung, keine oder zumindest eine deutlich geringere Wahrscheinlichkeit der Gewichtszunahme auf, jedoch werden sexuelle Funktionsstörungen und Schlafstörungen nicht verbessert, eher verschlechtert.

Die Monoamino-Oxidase-Hemmer wie Rasaglin, Harmalin, Moclobemid und Selegilin könnten dann noch wirken, wenn alle anderen Antidepressiva nicht gewirkt haben. Sie bewirken keine Müdigkeit und keine Gewichtszunahme, vertragen sich aber nicht mit bestimmten Speisen, insbesondere bestimmten Käsesorten, sodass eine spezielle Diät eingehalten werden muss. Bei Diätfehlern können schwere Komplikationen auftreten (Blutdruckkrisen). Eine Kombination mit anderen Antidepressiva kann gefährlich sein, zum Beispiel dürfen auf keinen Fall MAO-Hemmer mit Serotonin-Wiederaufnahme-Hemmern kombiniert werden.

Antidepressiva machen nicht süchtig. Schlaf- und Beruhigungsmittel können abhängig machen, nicht aber Medikamente, die gegen Depressionen verschrieben werden.

Ein anderer Irrglaube ist, dass Antidepressiva die Persönlichkeit verändern. Tatsächlich verändert die Depression die Persönlichkeit, und die Medikamente stellen dann den Ursprungszustand wieder her.

Grundsätzlich kann man auch ohne Medikamente aus einer Depression herauskommen, wenn es denn keine endogene oder bipolare Depression ist. Die Mehrzahl der Depressionen verläuft in Episoden, das heißt die Symptomatik bessert sich in der Regel nach einer gewissen Zeit. Eine Behandlung mit Antidepressiva soll dies beschleunigen. Auch Psychotherapien sind wirksam. Medikamente können diese unterstützen.

Es kommt vor, dass Patienten mit Suizidfantasien nur aufgrund ihrer fehlenden Selbstaktivierung und ausgeprägten Antriebsschwäche keinen Suizid verüben können. Wenn sie nun stimmungsaufhellende Medikamente bekommen und somit neue Energie verspüren, nutzen sie diese Phase zum Suizid. Das mag verwundern, zumal Verwandte die chemisch in Gang gebrachte Energie und Aktivität als Zeichen einer Besserung deuten und nun vollends vor den Kopf gestoßen werden, wenn der Patient Selbstmord begeht.

Medikamente sind chemische Mittel, die im Körper blockierte Energien mobilisieren sollen. Diese

Mittel haben Grenzen und bei längerer Einnahme Nebenwirkungen.

Viele Studien zeigen, dass eigene Bemühungen, vermehrt am Leben teilzunehmen, Kontakte mit anderen Menschen zu pflegen und soziale Erfahrungen zu machen, einen positiven Effekt auf die Stimmung haben können. Versuche, bei denen depressive Menschen nur Placebos erhielten (also Scheinmedikamente), zugleich aber in regem Kontakt mit anderen standen, etwa in Selbsthilfegruppen, zeigten positive Wirkungen: Die Betroffenen fühlten sich besser und ihre depressive Befindlichkeit reduzierte sich aufgrund der erlebten Wertschätzung.

Herr W. war im Rentenalter und fühlte sich seitdem unnütz, unterfordert und depressiv. Er schlief schlecht, alle Mittel halfen nicht. Schwere Psychopharmaka lehnte er ab. Nachdem er bei uns an der dreiwöchigen Heilenden Gemeinschaft teilgenommen hatte, kam unser Team zum Entschluss, ihm versuchsweise das Hormon Melatonin zu geben. Ich sagte ihm, es sei ein wirksames Mittel zur Förderung des Schlafes und zur Verbesserung der Stimmung. Nach zwei Wochen teilte er mir telefonisch mit, er sei dankbar für dieses Mittel, es habe seinen Schlaf und seine Befindlichkeit deutlich gebessert. Einige Wochen später eröffnete er sein eigenes Taxiunternehmen.

Dieses Beispiel soll nun nicht zur Annahme verführen, dass Depressionen so simpel zu behandeln seien. Hier lag eine reaktive Depression vor, verbunden mit einer altersbedingten Melatoninreduzierung. Melatonin wird im Schlaf, also im Dunkeln, von der Zirbeldrüse produziert und steuert den Tag-Nacht-Rhythmus. Es war ein Versuch, der zu unserer Freude Erfolg hatte. Ich empfehle älteren Patienten zum besseren Durchschlafen das retardierte Melatonin; es wird verzögert während der Nacht freigegeben. Das Mittel »Circadin 2 mg Retard« ist allerdings mit fünfunddreißig Euro für dreißig Tabletten nicht billig. Der Vorteil ist, dass keine Nebenwirkungen auftreten.

Wege zur Heilung

Depressionen werden meistens durch einen Schicksalsschlag, durch eine starke Kränkung oder irgendein akutes Trauma ausgelöst. Hinzu kommen negative Denkgewohnheiten, Grübelsucht und ein schwach ausgeprägtes Selbstwertgefühl. Und hier ist bei der Heilung depressiver Erkrankungen anzusetzen: Es sollten die bislang ungelebten Möglichkeiten angeschaut und realisiert werden; auch ist es heilsam, künftig Gefühle und Bedürfnisse zu erkennen, zu artikulieren und nicht zu unterdrücken.

Die Killerphrasen wie »Ich kann das nicht« oder »Mich mag keiner« beruhen auf einer Lebenslüge und können durch Vitalsätze wie »Ich schaffe das« oder »Ich darf Fehler machen« ausgetauscht werden. Dabei können autosuggestive Methoden wie Autogenes Training oder andere mentale Techniken helfen. Medikamente sind dann nur zeitlich begrenzte Hilfsmittel; mit Geduld und Ausdauer geht fast alles.

Die eigenen überhöhten Erwartungen müssen heruntergestuft werden; das gilt vor allem für die Perfektionisten unter den Depressiven, für all jene, die meinen, erst durch Leistung und Anpassung der Umwelt gerecht zu werden und dadurch die notwendige Anerkennung zu erhalten. Das Selbstwertgefühl darf nicht an Erfolge, Anzahl der Freunde (etwa bei

Facebook) oder äußere Faktoren wie Aussehen oder Körpergewicht gekoppelt werden.

Da die aggressiven Energien unterdrückt sind, ist es ratsam, sie wieder hervorzuholen, etwa durch sportliche Übungen, kurzfristige körperliche Anstrengungen, auch durch eine klare, laute Stimme einschließlich Augenkontakt mit den Mitmenschen. Wut ist nicht negativ, eher ihre Unterdrückung; wer sie nicht wahrhaben will, schädigt sich selbst.

Wesentlich ist die Abgrenzung, das heißt ein klares Nein bei stressigen Gefälligkeiten. Hier sind die Menschen mit Helfersyndrom und Klammerverhalten gefordert, denn sie neigen zu einer übertriebenen Aufopferung und Überfürsorge, sodass sie ihre physischen und psychischen Kräfte überstrapazieren. Im Übrigen bewirken sie mit ihrer Überfürsorglichkeit eher Ablehnung als Sympathie, weil sie dem anderen die Luft zuschnüren.

Der soziale Rückzug bei Depressiven fördert noch die Krankheit; deshalb ist dringend der Kontakt mit anderen zu empfehlen, das Aufsuchen eines Cafés oder Sportvereins oder was auch immer. Der Hinweis, man werde das alles später machen, wenn es einem besser geht, ist umgekehrt sinnvoller: Man tut es jetzt, damit es einem dann besser geht. Bewegung – Spaziergänge, Gymnastik, das Aufräumen des Hauses, Radfahren – ist das beste Mittel zur Reaktivierung des Geistes und der Seele. Wenn es also die körperliche Verfassung zulässt, ist Bewegung ohnehin die beste Prophylaxe gegen das Einrosten im Alter.

Meine Mutter hat sich konsequent geweigert, mit dreiundneunzig Jahren einen Rollator zu benutzen; sie rang sich durch zum täglichen Spaziergang, wenn auch langsam, so doch ohne Stütze. Sie legte auch großen Wert darauf, die schweren Rollläden selbst hochzuziehen. Jammern und Resignieren war nicht ihre Sache. Im Unterschied dazu geht einer unserer Mitbrüder ständig mit dem Rollator durch die Gänge, obgleich er ihn nicht zwingend braucht; es scheint eher eine psychologische Absicherung zu sein.

Es allen recht zu machen, schafft nicht einmal Gott, aber Depressive versuchen dies ständig. Und wenn umgekehrt ihre Erwartungen an die anderen nicht erfüllt werden, sind sie frustriert und ziehen sich in die Schmollecke zurück. Da gilt die Regel: Jeder hat seine eigene Verantwortung.

Wenn eine Therapie angesagt ist, sollte sie nicht in Einzelgesprächen erfolgen. Wir haben gute Erfahrungen gemacht mit der Gruppentherapie, mit Körperarbeit und Massagen, ebenso ist das gemeinschaftliche Arbeiten mit Stoff (Batik), Papier (Figuren, Bilder) u. a. für die soziale Integration förderlich. Manche sind durch Tänze und gemeinsames Theaterspiel aus dem Loch des negativen Denkens gekommen.

Es gibt Untersuchungen in Amerika, die zwischen den Ernährungsgewohnheiten und der Depression eine Verbindung fanden. So sind lange Diätzeiten oder eine kohlenhydratarme Ernährung mit schuld an depressiven Verstimmungen. Ein Mangel an Tryptophan (enthalten in Milchprodukten, Fleisch, Erbsen, Nüssen, Schokolade) kann ebenso die Stimmung trüben wie ein Mangel an Omega-3-Fettsäuren.

Unsere schnelllebige Zeit, die gern bei einem »Coffee to go« und einem »Burger to go« zugreift, die wegen der kurzen Mittagspausen mal schnell im Fastfood-Restaurant eine Wurst mit Fritten anvisiert, darf sich nicht wundern, wenn miese Laune produziert wird. Der Körper hat Einfluss auf die Seele, und die Seele äußert sich in den Empfindungen. Wer also seinen Bruder Leib gut behandelt, darf mit einer glücklichen Seele rechnen.